Général BAQUET
du Cadre de Réserve

Souvenirs d'un Directeur de l'Artillerie

Les Canons - Les Munitions

NOVEMBRE 1914 - MAI 1915

PARIS
Henri CHARLES-LAVAUZELLE
Editeur militaire
124, Boulevard Saint-Germain, 124
(MÊME MAISON A LIMOGES)
1921

Souvenirs d'un Directeur de l'Artillerie

LES CANONS — LES MUNITIONS

Novembre 1914 — Mai 1915

Général BAQUET
du Cadre de Réserve

Souvenirs d'un Directeur de l'Artillerie

Les Canons - Les Munitions

NOVEMBRE 1914 - MAI 1915

PARIS
Henri CHARLES-LAVAUZELLE
Éditeur militaire
124, Boulevard Saint-Germain, 124
(MÊME MAISON A LIMOGES)
1921

AVERTISSEMENT

Ces « Souvenirs » étaient terminés en mars 1918, avant les grandes offensives allemandes. Après l'armistice, en décembre 1918, on a seulement complété le chapitre VII, comme l'indique le texte. Depuis, à divers moments, quelques annotations ont été ajoutées et quelques précisions, surtout de chiffres, ont pu être apportées.

Enfin, avant la publication, de rares passages ont été atténués afin de ne pas nuire, si peu que ce soit, à l'apaisement général si désirable. Malheureusement, les espérances exprimées au dernier chapitre ne paraissent pas encore près de se réaliser, bien qu'elles soient partagées sans doute par la plupart des Français, dont beaucoup les ont également exprimées depuis deux ans, sous diverses formes.

La guerre aurait-elle changé si peu de choses?

Août 1920.

INTRODUCTION

L'auteur de ces pages était au front (1) au commencement de novembre 1914 lorsqu'il fut appelé à Bordeaux par M. Millerand, ministre de la guerre, pour diriger, en qualité d'adjoint au directeur de l'artillerie, la fabrication intensive des obus de 75. Cette fabrication avait été déjà organisée dès le 20 septembre par le Ministre, suivant un plan qu'il a suffi de suivre et de développer, après avoir surmonté les difficultés du début.

Le 4 décembre, le général adjoint, chargé de la fabrication des obus, était nommé directeur de l'artillerie.

Il s'agissait, alors, de pourvoir nos armées non seulement d'obus de campagne, mais aussi d'obus de tous calibres, de canons lourds, de fusils, de mitrailleuses, de cartouches, d'engins de tranchées, de camions automobiles, de voitures de tous genres, de harnachement, de chemins de fer à voie étroite, etc...

Il fallut bientôt fabriquer également des canons de 75 dont le nombre était devenu insuffisant par suite de nombreux accidents de tir et de la formation de nouvelles troupes.

Tout ce matériel devait être fourni en quantités telles que personne ne l'aurait pu concevoir avant la guerre, pas plus en Allemagne qu'en France. L'éva-

---

(1) Il y commandait l'artillerie de la Xe armée, après avoir commandé, depuis la mobilisation, la 53e brigade d'infanterie, puis la 13e division.

luation des premiers besoins se chiffrait déjà par milliards.

Pour les canons, les fusils et les obus, il était impossible de donner de grosses commandes aux puissances neutres qui, dépourvues d'usines importantes spécialisées dans ces fabrications, n'auraient pu livrer rapidement des produits présentant des garanties suffisantes. En outre, il eût été dangereux de s'adresser, pour du matériel de guerre proprement dit, à des puissances étrangères dont les sympathies n'étaient pas encore confirmées.

Nos alliés avaient à pourvoir à leurs propres besoins quand ils n'étaient pas obligés de recourir à nous. Il était donc nécessaire de s'adresser à l'industrie nationale. Mais l'envahissement de nos départements du Nord et de l'Est avait réduit nos facultés de production des deux tiers pour la houille et de 85 p. 100 pour le minerai de fer. Plus de la moitié et les plus puissants de nos hauts-fourneaux, les trois quarts de notre production d'acier et la moitié environ de nos machines outils étaient aux mains ou sous le canon de l'ennemi. La mobilisation égalitaire exigée par le sentiment du pays avait dispersé le personnel des usines qui nous restaient.

Nous avions heureusement conservé la plupart de nos usines qui étaient outillées avant la guerre pour fabriquer, dans une certaine mesure, du matériel d'artillerie. Mais, même si nous avions pu disposer immédiatement de ces usines en pleine activité, il leur aurait fallu au moins *dix* ans pour produire avec leurs moyens habituels le matériel qui fut fabriqué en 1914 et en 1915 seulement.

Nous manquions d'usines, de machines, de personnel, de matières premières!

Il fallait donc commencer la construction des matériels les plus urgents dans les usines déjà spécialisées et dans celles qui étaient rapidement adaptables à ce genre de travaux. En même temps, il fallait développer ces usines et en créer un grand nombre d'autres de toutes pièces, acheter et construire des machines par dizaines et bientôt par centaines de milliers. Pour toutes ces usines, il fallait trouver un nombre considérable d'ouvriers au moment où le renforcement de nos armées s'imposait et était réclamé par ceux-là mêmes qui demandaient le retour aux usines d'un grand nombre de mobilisés. Nos ressources en matières premières, et particulièrement en acier, étaient hors de toute proportion avec nos besoins immédiats; nous ne pouvions trouver ces matières qu'à l'étranger, et cela au moment d'une crise aiguë des transports.

Acheter à l'extérieur, surtout en Amérique et en Angleterre, une grande partie du matériel qui s'y fabrique couramment : camions, voitures, matériel de voie ferrée, etc.; en principe, fabriquer en France les armes et les munitions avec des matières premières achetées au dehors autant qu'il serait nécessaire; rétablir et développer la production intérieure de ces matières, telle fut la méthode adoptée, sinon imposée par les circonstances.

Ainsi que le démontrèrent les difficultés rencontrées pour le contrôle et la livraison de quelques commandes d'armes et de munitions faites à l'étranger, c'était certainement la seule méthode qui pût nous permettre de pourvoir aux besoins des armées sans retards irrémédiables.

Seuls, ceux qui prirent part à la réalisation de l'œuvre immense qui s'imposait dans des moments si tragiques, le Ministre, les artilleurs qui furent ses collaborateurs, tous les industriels de France et leurs ingénieurs et ouvriers, peuvent se rendre un compte exact des difficultés que cette œuvre présentait. Ils n'oublieront jamais les angoisses qu'ils ont éprouvées et qui égalaient certainement celles des camarades qui attendaient sur le front.

Mais si nombreux et si actifs que soient les dévouements, si acharné que soit le travail, on n'improvise pas des usines, des machines; les matières premières ne se multiplient pas en quelques jours et ne passent pas les mers instantanément surtout à une époque où le fret était si rare; les industriels les plus expérimentés dans leur spécialité ne montent pas de nouvelles fabrications sans quelques tâtonnements. Les plus fortes volontés mettent quelque temps à vaincre la résistance des faits.

Pendant les premiers mois, la fabrication d'obus en quantités considérables, l'adaptation de nos canons de forteresse aux conditions de la guerre pour renforcer au plus tôt notre artillerie lourde insuffisante, la fabrication de quelques canons neufs, la confection ou la transformation journalière de quelques centaines de fusils, la réparation du matériel et de milliers de fusils renvoyés journellement du front, la fabrication d'objets de rechange, absorbèrent tout notre outillage du début et celui qui avait déjà pu être acheté ou construit.

L'immense usine que l'on a vue depuis en pleine marche se créait, non sans à-coups qui faisaient tomber quelques illusions. Aucun des engagements pris n'était tenu, soit que les industriels ne se soient pas rendu un compte exact des difficultés de fabrications qu'ils ne connaissaient pas; soit qu'ils n'aient pu se procurer des machines aussi vite qu'ils l'avaient espéré; soit enfin qu'ils n'aient pu trouver ou que l'on n'ait pu leur fournir tout le personnel qui leur était nécessaire.

En outre, il était impossible d'établir un ordre d'urgence qui pût être suivi. A chaque instant les prévisions étaient renversées par les événements qui faisaient apparaître des besoins plus urgents.

× ×

En janvier 1915, peu après le retour du ministère à Paris, des impatiences commencèrent à se manifester de la part de personnes qui s'étonnaient que tout n'allât pas aussi vite qu'elles pouvaient écrire. Au milieu de leurs occupations et de leurs soucis, le Ministre et le directeur de l'artillerie furent constamment harcelés. Les commissions parlementaires, animées d'excellentes intentions, mais oubliant sans doute l'ensemble des causes de notre impréparation, parurent s'imaginer qu'en quelques mois de guerre il était possible de faire tout ce que l'on n'avait pas fait pendant de longues années de paix, et beaucoup plus encore. Elles constataient dans leurs rapports, ce qui était facile, que nous manquions de canons, de munitions et de fusils. Elles demandaient avec une grande énergie que l'on doublât, triplât, décuplât sans délai la production de tous les matériels à la fois.

D'après elles, tous les retards incombaient naturellement à l'administration de la guerre et particulièrement au directeur de l'artillerie.

Parmi les rapporteurs, M. Ch. Humbert fut le plus énergique et le plus sévère. Ses conclusions, comme ses articles du *Journal*, pourraient se résumer dans cette formule : nous sommes en guerre; avec de la volonté on peut faire beaucoup de tout, et tout de suite, avec peu de chose. Il sommait le directeur d'imposer sa volonté aux usines, mais il arrivait parfois qu'il soutenait de son influence des industriels qui préféraient certaines commandes à celles qui leur étaient attribuées.

D'autres personnes s'étonnaient de ne pas voir donner des commandes à des postulants qui n'avaient pas de moyens de fabrication et qui ne pouvaient indiquer comment ils se les procureraient. On s'indignait de l'obstination du directeur à ne point signer le moindre contrat avant d'avoir pu contrôler l'existence, le modèle et l'état de fusils, canons ou mitrailleuses qui se trouvaient, paraît-il, en Espagne ou en Amérique dans des arsenaux qui devaient les céder volontiers; à moins que ce ne fût dans des dépôts formés par des organisations révolutionnaires. On s'écriait : « Vous n'avez pas de fusils, on vous en apporte, et vous n'en voulez pas. »

Aux prometteurs de miracles, aux nombreux donneurs de conseils s'ajoutaient les visiteurs venus de partout pour solliciter en faveur de militaires jeunes ou vieux, gradés ou non, peu satisfaits de leur affectation. Et ces solliciteurs s'en allaient fort mécontents de ce directeur, trop rebelle aux recommandations, qui se retranchait derrière la règle égale pour tous.

Les commissions parlementaires qui désiraient légitimement être renseignées sur les progrès des fabrications ne se contentaient pas des tableaux de production établis au ministère. Elles posaient des centaines de questions écrites nécessaires pour établir leurs rapports. Mais ces questions avaient souvent d'autres objets que les besoins et les fabrications du moment; elles se rapportaient parfois à des situations passées, à des faits remontant à la mobilisation ou même avant; elles exigeaient des recherches et des statistiques spéciales comme si les préoccupations de l'heure présente n'étaient pas suffisantes.

Les membres des commissions se rendaient dans les usines privées et dans les usines de l'Etat; ils en rapportaient non seulement les avis des directeurs, mais souvent aussi les avis personnels, quelquefois intéressés, d'ingénieurs, d'officiers, d'agents de maîtrise.

Toutes ces opinions étaient opposées à celle du directeur de l'artillerie, que l'on accusait de nuire à l'initiative du personnel des usines, notamment à celles des directeurs des manufactures de l'Etat qui, eux aussi, auraient probablement dû pouvoir exécuter les fabrications qu'ils préféraient (1). Il est vrai que l'on reprochait également au directeur de ne pas imposer sa volonté.

La rédaction des réponses aux questions des commissions, les conférences avec les sous-commissions parlementaires, les conversations avec les hommes politiques isolés venant dans les bureaux pour y prendre des renseignements, et quelquefois pour demander communication de dossiers, absorbaient une bonne partie du temps du directeur et des chefs de services. Il restait très peu d'heures pour la réflexion et le travail après les visites utiles des industriels, de ceux qui aspiraient à le devenir, des inventeurs, et les visites souvent inutiles des solliciteurs de tous genres. Les tentatives faites par le Ministre pour protéger les services contre les pertes de temps n'eurent d'autre résultat que de soulever quelques colères.

× ×

Le directeur de l'artillerie, qui avait fait toute sa carrière en province, fut très étonné de ce qu'il voyait

(1) Naturellement, les moyens et procédés d'exécution ne furent jamais imposés aux directeurs d'établissements.

et entendait. Il avait pensé qu'il pourrait diriger; il dut bientôt s'apercevoir que c'était une prétention excessive, même en guerre. Le sentiment qu'il en éprouva ne saurait mieux s'exprimer qu'en reproduisant ici quelques lignes qui, depuis, lui tombèrent sous les yeux :

« Quel est le Français pourvu d'une fonction officielle qui est libre de se dire en s'asseyant à sa table de travail : je ne penserai qu'au bien du service et à l'intérêt de l'Etat? Il n'est pas encore assis que vingt intérêts particuliers viennent le tirer par la manche sous prétexte que nous sommes en démocratie (1).

» Il faudrait qu'aucun politicien venu des profondeurs ou des sommets de la démocratie ne fût admis à tenter sur eux (les techniciens de la guerre ou de la diplomatie) une de ces pressions autoritaires dont s'effarent aisément de purs professionnels enclins à révérer des décrets venus de régions inaccessibles (2). »

Le directeur provisoire de l'artillerie ne s'effara pas; mais, tout d'abord, et assez longtemps, il essaya de convaincre ses contradicteurs qu'il était difficile d'aller aussi vite qu'ils le désiraient et qu'il l'aurait voulu lui-même. Après cet essai, qui dénotait, paraît-il, quelque naïveté de sa part, il perdit patience. Peut-être ne possédait-il pas cette vertu à un degré élevé?

Lorsqu'il se vit traité de façon très désobligeante dans les rapports parlementaires; lorsqu'on dénatura ses paroles en détachant quelques mots de ses décla-

---

(1) M. J. Herbette. (*Echo de Paris* du 13 mars 1917.)

(2) M. G. Clemenceau. (*L'Homme enchaîné* du 10 décembre 1915.) Dans l'article de M. Clemenceau, les techniciens de la guerre qui sont visés sont les chefs chargés de l'étude des opérations de guerre. Mais les techniciens ordinaires, ceux du matériel, peuvent peut-être se réclamer également d'un avis aussi autorisé.

rations, en lui faisant dire, par exemple, « que nous avions trop de canons »; lorsqu'il sut qu'il était désigné à la vindicte publique comme l'auteur responsable et volontaire de la situation de notre armement, il se défendit presque aussi vivement qu'il était attaqué. Des amis, parmi lesquels des parlementaires, lui assuraient bien qu'il ne s'agissait que de politique; il ne put admettre que la politique pût consister, dans des moments aussi critiques, à entraver le travail utile et à faire de ceux qui en étaient chargés des boucs émissaires ou des machines de guerre contre le Ministre.

Il fut bientôt brouillé avec de puissantes personnalités; il l'était déjà avec M. Ch. Humbert depuis sa première rencontre avec celui-ci, en janvier 1915 (1). Malgré l'appui et la bienveillance de M. Millerand, qui ne lui manquèrent jamais, le directeur dut quitter, sans beaucoup de regrets, la direction de l'artillerie le 20 mai 1915.

La direction fut érigée en sous-secrétariat d'Etat, dont le titulaire, M. Albert Thomas, était très préparé à ces hautes fonctions par la part importante qu'il avait prise depuis le mois de septembre 1914 à l'organisation des fabrications, et mieux armé qu'un général pour résister aux assauts politiques. Le Ministre

(1) M. Ch. Humbert, rentré depuis peu d'Amérique, se présenta un matin au cabinet du directeur de l'artillerie, en homme habitué à y parler haut. Il annonça qu'il reviendrait souvent pour exposer ses idées au nouveau directeur. Celui-ci fit remarquer qu'il avait déjà de bien nombreuses visites, qu'il examinerait avec intérêt les idées de M. Ch. Humbert, mais qu'il avait déjà beaucoup de peine à appliquer les siennes propres. M. Humbert, baissant un peu le ton, dit que l'on pourrait au moins causer à table et invita le directeur à déjeuner pour le surlendemain, ajoutant : « Vous serez en bonne compagnie (*sic*), j'ai justement ce jour-là un de vos camarades. » Le directeur déclina l'invitation et M. Ch. Humbert partit évidemment fâché. Il ne revint plus chez le directeur, mais il revint fréquemment dans les bureaux de la direction.

et le Sous-Secrétaire d'Etat avaient d'ailleurs pensé que l'ancien directeur devait rester chargé d'une partie importante des services de l'artillerie, ce qui fut fait dans la première organisation du sous-secrétariat. C'était compter sans ceux auxquels avait déplu le directeur qui fut fort heureux d'être remis à la disposition du général en chef.

× ×

A peine de retour au front, en juillet 1915, l'ex-directeur s'aperçut que, pour un grand nombre de ses camarades et de ses subordonnés, il était l'homme qui n'avait *voulu* faire ni canons ni munitions; celui auquel on devait de n'avoir pas encore toute l'artillerie lourde attendue et dont on attendait tout.

Des journaux, particulièrement celui de M. Ch. Humbert, entretenaient cette opinion au front comme à l'intérieur. A la Chambre, un député, qui fut imité depuis, interrompait M. Millerand en lui reprochant d'avoir « surdécoré » son directeur incapable. Dans des articles de M. Clemenceau, le *fameux général* de M. Millerand était malmené, toujours, il est vrai, en très bonne compagnie (1).

Le général, redevenu commandant de troupes, dut se défendre, ne fût-ce que pour défendre son autorité, en exposant à diverses reprises les difficultés de toutes sortes qu'il avait rencontrées et les résultats acquis à son départ. Naturellement, il manifesta quel-

(1) Ni avant, ni pendant la guerre, le général Baquet n'a eu l'honneur de rencontrer M. Clemenceau qui était malade pendant tout le temps que le général a été directeur.

M. Clemenceau, alors vice-président de la commission sénatoriale de l'armée, ne pouvait donc connaître le directeur que par ouï dire, et ne s'est-il pas plaint parfois lui-même de la facilité avec laquelle on détache « artistement » quelques mots d'un texte?

que mauvaise humeur contre les auteurs des articles de journaux et des interruptions parlementaires qui le concernaient.

Les propos qu'il tint dans ces occasions furent rapportés au gouvernement et des explications lui furent demandées, en août 1915. Il confirma qu'il comptait retrouver M. Ch. Humbert après la guerre (1) et protesta seulement contre la généralisation qu'impliquait l'un des propos qui lui étaient prêtés : « *Les* parlementaires ne sont pas mes amis. » Il avait dit « des parlementaires » et les citait en fournissant ses explications.

L'ex-directeur n'entendit plus parler de cette « histoire », mais, comme il était encore question de lui dans certains journaux, et parfois à la Chambre, il n'en resta pas moins, pendant vingt-sept nouveaux mois de séjour au front, un homme compromettant. En outre, pour beaucoup de camarades, qui pourtant, avant la guerre, montraient quelque scepticisme sur l'importance et l'efficacité de l'artillerie, il restait suspect d'avoir « professé » d'une manière générale et absolue que « nous avions trop de canons »! Actuellement, l'auteur est encore jugé de la même façon par beaucoup de ceux qui ne le connaissent pas et qui ne connaissent pas non plus les raisons qui avaient pu déterminer le Ministre de la guerre dans le choix d'un directeur de l'artillerie au moment où l'on man-

(1) Bien qu'ayant jugé M. Humbert dès 1915, ne fût-ce que par les marchés qu'il avait passés en Amérique, l'auteur croyait le retrouver encore sur son piédestal. Il en est tombé, mais il est cependant difficile de ne pas parler de lui en raison du rôle qu'il a joué. Beaucoup d'honnêtes gens s'imaginent encore que, sans lui, on n'aurait pas fait « des canons et des munitions ». En outre, sa campagne était vue de très bon œil par tous ceux qui cherchaient à rejeter toutes les responsabilités sur l'artillerie en général et sur le général Baquet en particulier, ce qui remettait dans l'ombre les autres responsables.

quait de canons et de munitions. Bien que M. Millerand ne les ait pas fait connaître, ces raisons étaient peut-être les suivantes :

De 1886 à 1894, l'auteur, alors capitaine, avait créé un obusier de 120 de campagne et modifié complètement les affûts et les plates-formes du canon court de 155 et des mortiers de 220 et 270.

Ces quatre matériels, dont les deux premiers furent munis à ce moment de freins hydropneumatiques, inventés depuis peu par le commandant Locard (1), devinrent réglementaires en 1890 et dans les années qui suivirent. Ils réalisaient une très notable augmentation de mobilité et de rapidité de tir sur les matériels du système de Bange alors en service et constituaient une artillerie lourde mobile notablement supérieure, à tous les points de vue, à celles qui existaient à cette époque dans les armées étrangères.

De plus, il avait, dès 1889, défini le calibre de 75 comme devant être celui du futur canon de campagne, et il avait construit plusieurs modèles de canons de ce calibre dont la vitesse de tir était déjà trois fois plus grande que celle des canons de campagne de cette époque.

En outre, il était l'auteur des tracés de la plupart des obus explosifs en service au début de la guerre, projectiles d'un emploi très sûr et beaucoup plus puissants que les obus allemands des calibres correspondants.

Les matériels de la période 1890 ne furent cons-

(1) Le commandant Locard, auquel on n'a pas rendu la justice qui lui était due, était un artilleur de génie; il prit sa retraite prématurément comme lieutenant-colonel et fut l'initiateur du capitaine Baquet à ses débuts d'inventeur et de constructeur. Le lieutenant-colonel Locard commandait au front un parc d'artillerie d'armée, lorsqu'il mourut frappé de congestion en août 1915, après une course en aéroplane.

truits qu'en petite quantité, peut-être faute de crédits. En 1914, ils étaient devenus inférieurs aux matériels allemands similaires, surtout à cause de leur portée un peu faible. Toutefois, on fut heureux de les trouver pour renforcer notre première artillerie lourde.

Depuis leur adoption on s'était borné à adopter et à construire, en nombre encore insuffisant, le canon de 155 Rimailho modèle 1904.

Il n'a pas tenu à l'auteur, d'ailleurs éloigné des fabrications depuis longtemps, que l'on construisît en temps utile de l'artillerie lourde plus moderne. Mais dans les années qui précédèrent la guerre, lorsqu'il pouvait donner son avis, il prétendait que l'artillerie lourde commençait au calibre de 15 centimètres, c'est-à-dire au projectile contenant 10 kilogrammes d'explosif. Il basait cette opinion sur le résultat des nombreuses expériences auxquelles il avait participé et aussi sur la difficulté d'obtenir des crédits suffisants pour avoir tout un jeu de calibres adaptés aux diverses situations de la guerre de mouvement. Dans ces conditions, il lui semblait prudent de posséder un matériel efficace dans presque tous les cas, et dont la mobilité serait encore très acceptable.

Enfin, comme officier de troupe, il ne cessait de répéter, pendant les années qui précédèrent la guerre, que, quelle que soit l'artillerie dont on dispose, il était nécessaire de la déployer aussi complètement que possible avant d'engager l'infanterie, afin de protéger celle-ci contre l'artillerie ennemie.

Mais quelles que fussent les idées, bonnes ou mauvaises, et la compétence, réelle ou non, du nouveau directeur de l'artillerie, il était entouré de conseillers qui, eux, étaient certainement parmi les plus compétents.

C'étaient le général Gossot, le général Desaleux, le

général Sainte-Claire Deville, dont personne ne peut contester la haute valeur pratique attestée par les travaux de toute leur vie. C'étaient aussi les colonels Ronneaux (1), Payeur (1), Rémond (1) et Chevillot; les commandants Séguin, Blanc et Doucet; d'autres encore.

En outre, des réunions périodiques, si utilement instituées par M. Millerand, rassemblaient un grand nombre d'industriels petits et grands. Dans ces réunions, le directeur pouvait entendre, de la bouche des intéressés, leurs observations et leurs avis dans l'ensemble desquels on pouvait distinguer les possibilités réelles parmi des espoirs souvent audacieux, et séparer l'intérêt général des intérêts particuliers.

D'autre part, le directeur recevait et convoquait fréquemment des industriels ou directeurs d'usines, dont l'importance et l'autorité étaient reconnues de tous, et qui lui fournissaient les meilleures indications et les plus précieux conseils.

Parmi eux se trouvaient M. Léon Lévy, président de la Chambre syndicale du matériel de guerre; M. Robert Pinot, secrétaire général du Comité des forges de France; M. Louis Renault, président de la Chambre syndicale des constructeurs d'automobiles; les directeurs généraux des usines du Creusot et de Saint-Chamond; le directeur des aciéries de Firminy et tant d'autres qui consacrèrent tout leur dévouement à seconder l'administration qui devait coordonner les efforts de toute l'industrie française pour sauver la patrie.

Avec de pareils collaborateurs, le directeur pouvait vraisemblablement faire au Ministre des propositions assez justifiées, qui devaient du reste satisfaire, dans

(1) Actuellement général.

toute la mesure du possible, aux demandes du commandement, concernant la nature, les quantités et l'ordre d'urgence des matériels à fabriquer.

Comme en toutes choses, les décisions prises ne satisfaisaient pas tout le monde. Toutefois, il était peut-être excessif de voir des compétences incertaines, parfois suggestionnées par des intérêts particuliers, venir discuter avec le directeur de l'organisation des fabrications, du choix d'un modèle de canon ou de la valeur d'un tracé d'obus.

Quoi qu'il en soit, le « fameux directeur » a conscience de n'avoir pas mérité toutes les attaques qui le poursuivirent. Jusqu'ici, il n'a pu protester que dans des conversations; actuellement, il peut et veut le faire publiquement, bien qu'il sache qu'un officier général qui a été offert en holocauste aux populations doive avoir quelque peine à se relever dans leur esprit.

Et d'abord ne peut-il observer qu'après lui, et dans d'autres champs d'activité que l'artillerie, des personnes, dont certaines furent parmi ses détracteurs les plus acerbes, ont été chargées de pourvoir le pays de produits presque aussi nécessaires que les canons et les munitions : le charbon, le blé ou les aéroplanes, par exemple? Or, elles ne réussirent pas toujours très bien à faire surgir ces produits par le simple effort de leur volonté. Ont-elles été incapables, ou seulement moins fortes que la force des choses dans les circonstances d'une guerre sans précédent?

La vérité n'est-elle pas, comme l'a dit l'une d'elles, pourtant des plus aptes à surmonter les obstacles surmontables, qu'en pareilles circonstances le plus fort ne peut que « faire son possible pour venir à bout de ces problèmes et les résoudre au mieux des difficultés du temps présent (1) »?

(1) M. Herriot (séance de la Chambre du 30 janvier 1917).

En tout cas, après quelques observations de leurs pairs, les personnalités qui n'avaient pas réussi dans leur mission, et moins modestes que la précédente, rentrèrent dans le rang sans avoir trop perdu de leur réputation ni de leur assurance pour se livrer à de nouvelles critiques. Serait-ce seulement parce qu'elles appartiennent à ces « régions inaccessibles », dont a parlé M. Clemenceau?

A la vérité, la campagne « des canons, des munitions » n'aurait pas eu d'inconvénients sérieux si elle avait abouti seulement à déconsidérer le général Baquet dans l'esprit d'une partie de ses concitoyens. Elle n'a d'ailleurs fait faire ni un canon ni un obus de plus, et en a même peut-être retardé la production en troublant ceux qui devaient l'assurer. Mais cette campagne, jointe à celle qui fut faite contre le commandement et aux bruits répandus dès 1915 sur le ravitaillement des Empires centraux, eut une influence pernicieuse sur le moral de l'armée, sur son esprit offensif.

Beaucoup d'officiers et d'hommes de troupe — le plus grand nombre — ont cru facilement que la guerre était une affaire de matériel exclusivement. De là à attendre qu'il y eût toujours plus de matériel et à estimer que la préparation d'artillerie était incomplète, même quand elle ne l'était pas, il n'y a qu'un pas qui fut souvent franchi. Et ce sentiment ancré chez le soldat, que l'on flattait parfois plus qu'il n'était juste et prudent, au détriment du commandement, empêcha certaines offensives ou réduisit le développement de victoires réelles, en même temps qu'il contribua à augmenter les pertes totales et probablement à prolonger la guerre.

La guerre était une guerre de matériel, certes, mais en faisant du matériel il fallait aussi refaire le moral du soldat, restaurer et maintenir la discipline dans toutes ses acceptions. On a oublié ce facteur important et, par une réaction exagérée, on a demandé longtemps au matériel seul ce que l'on prétendait, avant la guerre, demander surtout aux « impondérables ».

C'est ce qui sera exposé après avoir indiqué les causes de notre pénurie d'artillerie en 1914, et donné quelques détails sur les conditions dans lesquelles furent entreprises les principales fabrications : obus, canons et fusils, autant qu'il est possible de le faire avec des souvenirs et peu de notes.

Souvenirs d'un Directeur de l'Artillerie

LES CANONS — LES MUNITIONS

Novembre 1914 — Mai 1915

I

Causes de l'insuffisance de notre armement.

Lorsqu'on recherchera plus tard, quand les passions seront éteintes, les causes de notre impréparation à la guerre, on devra probablement conclure que le peuple français dans son ensemble, sinon tout entier, est responsable de cette terrible imprévoyance.

Depuis de longues années, malgré les avertissements bruyants qui nous étaient donnés par l'Allemagne, non seulement les Français ne voulaient pas la guerre, sentiment bien naturel, mais ils étaient bien convaincus qu'elle pourrait toujours être évitée. Cet état d'esprit n'était pas seulement celui de certains partis politiques, il était aussi celui de la très grande majorité des citoyens; c'était bien l'opinion publique dans toute la force du terme.

Ce n'était pas tant que l'on craignît les risques des combats; on craignait surtout les conséquences logiques de la préparation à la guerre : un service militaire assez prolongé pour assurer un noyau suffisant à l'armée mobilisée, une augmentation des dépenses de guerre déjà jugées trop lourdes. Il n'est pas exagéré de dire que, depuis 1890 surtout, le service militaire paraissait insupportable. Il était très décrié et, dans toutes les classes de la nation, chacun cherchait à s'en acquitter de la façon la moins pénible. D'où la loi de deux ans, une instruction militaire qui ne fut jamais si faible qu'après avoir convenu qu'elle serait intensive, le relâchement de la discipline, avec un régime de permissions fréquentes pour la distribution desquelles il était difficile de tenir compte de la conduite du soldat.

Dans l'armée même il ne fallait pas trop parler de la guerre, c'était un sujet inopportun; mais les cours, les conférences sur les sujets les plus variés, les visites d'usines, de fermes, étaient en honneur. L'esprit militaire baissait de façon continue, même parmi les professionnels; ceux qui ne paraissaient pas approuver les nouvelles méthodes devenaient suspects de réaction.

Toutefois, des hommes politiques parmi les plus renseignés et que n'aveuglait pas l'esprit de parti ou l'intérêt électoral, des personnalités militaires chargées de préparer la guerre et qui gardaient leur indépendance, ainsi qu'un grand nombre encore d'officiers sentaient le danger. Mais comment réagir contre la mentalité acquise par la population? Comment faire l'instruction sérieusement, obtenir l'entraînement suffisant, raffermir la discipline sans se créer des « histoires » qui brisaient si facilement les carrières? Comment obtenir des crédits pour augmenter les effectifs et créer une artillerie lourde moderne, alors que les progrès de la civilisation et des œuvres sociales exigeaient tous les ans l'augmentation des budgets autres que celui de la guerre.

Chaque année la direction de l'artillerie demandait bien quelques crédits, parfois assez importants, pour construire du matériel neuf. Mais le plus souvent les demandes étaient réduites successivement par les services qui avaient à les examiner, depuis le service du contrôle au ministère de la guerre, effrayé de la difficulté de les faire aboutir, jusqu'au ministère des finances. Ces crédits ne figuraient plus au projet de budget qu'amoindris dans une forte proportion.

Pourtant en 1912 et 1913, après les formidables accroissements successifs des effectifs allemands, après réception de quelques renseignements d'ailleurs imprécis sur la nature de leur armement, il fallut se rendre à l'évidence.

Des ministres courageux essayèrent de ranimer l'esprit militaire et obtinrent le retour au service de trois ans; ils demandèrent des crédits qui parurent considérables et dont une bonne partie devait être consacrée à augmenter et à moderniser notre artillerie lourde. Mais ces crédits, après de longues discussions, ne furent votés qu'à la veille de la guerre, le 15 juillet 1914 (1). Heureusement les ministres de la guerre successifs avaient obtenu quelques millions en 1912 et ensuite, dans le courant de 1913 et au début de 1914, l'autorisation d'engager quelques dépenses sur des crédits qui n'étaient pas encore définitivement votés.

La politique n'était pas seule responsable de ces hésitations et de ces retards. On a dit, et il est vrai, que les techniciens, ceux de l'état-major et ceux de

(1) Ces crédits devaient être répartis sur plusieurs exercices.

l'artillerie, n'étaient pas d'accord sur la nature du matériel à adopter. De plus, les avis étaient également partagés dans ces deux catégories de techniciens. Cela ne pourrait étonner aucune personne de bonne foi ayant pris part à l'examen d'affaires basées sur la réalisation d'événements futurs; or, la préparation de la guerre est une spéculation au premier chef. Malheureusement il ne se trouva aucune personnalité à la fois assez puissante et assez convaincue pour imposer son opinion au milieu du scepticisme qui régnait jusqu'en 1912.

× ×

L'état-major et la plupart des officiers, confiants dans la valeur du soldat français, interprétant de façons très diverses les faits des guerres les plus récentes, étaient convaincus, avec raison, de la supériorité de l'offensive tactique et croyaient à la possibilité de brusquer cette offensive. Beaucoup d'entre eux pensaient que le rôle de l'artillerie serait secondaire dans une guerre de mouvements, où la manœuvre, l'action de l'infanterie et la baïonnette joueraient le premier rôle (1). Ils croyaient, comme l'état-major allemand, comme tout le monde, on peut dire,

---

(1) Voir : *Cours d'infanterie de l'Ecole supérieure de guerre* (1913) et notamment : « Les amateurs de balistique n'avaient pas manqué de s'enthousiasmer pour les augmentations de portée des armes et l'accélération de leur tir : les affaires se décideraient à grande distance sur un terrain arrosé par le nombre de tonnes de plomb scientifiquement désirable et la baïonnette devenait un instrument archaïque. La campagne de Mandchourie a rappelé que le terrain présentait des fossés, des cultures, des bois, des villages, que la nuit est aussi fréquente que le jour... » (2e conférence, § VIII.)

Excellents principes, certes, mais aussi peut-être des illusions sur l'emploi de la baïonnette dans toutes les guerres de tous les temps, et trop de dédain pour la « balistique ».

qu'une guerre franco-allemande serait nécessairement courte.

Dans ces conditions, une artillerie puissante apparaissait à beaucoup comme devant être plus nuisible qu'utile si elle était sensiblement plus lourde que le canon de campagne. Au surplus, tout le monde avait confiance dans la supériorité de notre canon de 75 et de ses projectiles sur le matériel de 77 allemand (1).

Toutefois, les Allemands avaient un quart de leurs batteries de campagne qui étaient armées d'obusiers légers de 105, au moins dans les corps d'armée actifs. Pour cette raison, beaucoup d'officiers d'état-major et de toutes armes désiraient un obusier de campagne en lui attribuant d'avance le calibre de 105, qui, seul, paraissait compatible avec la mobilité nécessaire. Cette bouche à feu devait être utile surtout pour atteindre, grâce à sa trajectoire courbe, des troupes ennemies qui seraient venues se masser, pour l'attaque, sur des emplacements en angle mort, à faible distance de nos positions. On pensait que ces emplacements défilés seraient occupés assez facilement à la suite d'une marche d'approche qui utiliserait toutes les ressources du terrain, et pendant laquelle l'invisibilité des petits éléments d'infanterie les aurait garantis contre l'action du canon à grande distance. On croyait bien, d'ailleurs, que, comme dans toutes les guerres précédentes, la proportion des pertes dues à l'artillerie serait faible et que les soldats surmonteraient rapidement l'effet m ral des détonations. Cette dernière opinion était exprimée

(1) La guerre a confirmé cette supériorité qui eût apparu bien plus grande encore si, dans les premières rencontres, toutes nos batteries avaient été déployées en temps utile. Bien des choses, sans doute, eussent été changées.

par le plus grand nombre des officiers qui assistaient aux tirs de l'artillerie.

Des artilleurs, parmi lesquels l'auteur, préféraient un obusier de 155 pour les raisons suivantes : un obusier léger n'entrant qu'en petite proportion dans l'armement, en remplacement d'un certain nombre de canons, se trouverait rarement placé, au moment opportun, sur les parties du front où son emploi paraîtrait nécessaire. A ce moment, peut-être assez tardif, il aurait probablement déjà été utilisé, avec raison et au même titre que le canon, sur les points où il aurait été dirigé tout d'abord. Ceux qui en disposeraient alors ne s'en dessaisiraient pas volontiers. Pour battre les angles morts, on pourrait recourir aux batteries de flanquement; on pourrait aussi faire intervenir des batteries latérales, ce qui deviendrait facile si, au lieu de penser presque toujours à appuyer l'infanterie par les batteries placées à peu près exactement derrière elle, on s'exerçait un peu plus qu'on ne le faisait au commandement de l'artillerie sur des fronts assez étendus.

En outre, lorsqu'il faudrait recourir à un calibre supérieur au 75, un obusier de 155 remplirait plus efficacement le rôle de l'obusier léger, tout en possédant une grande mobilité comme le Rimailho, ou une mobilité très acceptable comme un canon court de 155 établi par le Creusot et qui avait une portée plus grande. Les occasions d'employer cet obusier seraient bien plus fréquentes car son projectile, contenant 10 kilogrammes d'explosif, serait très efficace contre les constructions civiles les plus solides et contre les ouvrages en terre d'un champ de bataille organisé; il aurait aussi une efficacité non négligeable contre les ouvrages de fortification permanente. Or, dans toutes ces circonstances, le 105 et même le

120 seraient absolument insuffisants, comme tant d'expériences l'avaient démontré.

La solution du problème consistant à atteindre à petite distance des troupes défilées fut fournie par le dispositif Malandrin, très simple, et qui courbait suffisamment la trajectoire du canon de 75. Quoi qu'on en ait dit, ce fut une très bonne solution, puisque sur toutes les parties du front on pouvait ainsi disposer d'un véritable obusier dont l'efficacité, à poids égal de munitions, était au moins aussi grande sur des troupes en pleins champs que celle d'un obusier de calibre supérieur. En tout cas, on ne peut la juger d'après l'emploi qui en a été fait, car, dans les premières opérations, les infanteries se rapprochèrent assez rarement à courte distance et, d'autre part, l'artillerie avait été laissée souvent trop en arrière. Les plaquettes Malandrin se sont trouvées presque toujours inutilisées et voilà tout (1).

× ×

En ce qui concerne les canons lourds de campagne, la discussion était dominée par la question de mobilité. Pour la guerre de manœuvres, une très grande légèreté paraissait indispensable, et certains officiers trouvaient déjà le canon de 75 trop lourd; aux manœuvres, ils s'étonnaient du temps nécessaire à l'artillerie du gros de la colonne pour parvenir aux

(1) Il n'y a pas plus de raison pour discréditer la plaquette Malandrin qu'il n'y en aurait à discréditer l'obusier de 105 si l'on avait dû employer cette bouche à feu dans les mêmes conditions et aux mêmes distances que le canon et non dans les circonstances pour lesquelles il était réclamé. L'auteur tient à dire ici qu'il n'a nullement contribué à l'adoption du dispositif Malandrin. Il avait même, en 1905, proposé une solution différente consistant à modifier la munition de 75, pour permettre de réduire la charge, au moment du besoin, pour faire du tir courbe.

emplacements qui lui étaient désignés (1). Ils ne se rendaient pas compte que, fréquemment, l'ordre de sortir de la colonne avait été donné trop tard à cette artillerie. Parfois, cet ordre était donné seulement lorsque la tête de colonne apercevait le parti adverse, qui était souvent lui-même encore en ordre de route! Ces officiers croyaient qu'un canon plus léger serait arrivé beaucoup plus vite.

D'autre part, beaucoup d'officiers de tous grades s'imaginaient que le « progrès » devait permettre aux techniciens de réaliser prochainement un canon léger, en même temps que très puissant et à longue portée. En attendant la réalisation de cet idéal, et lorsqu'en 1913 une solution parut enfin urgente, les suffrages se rallièrent sur le canon de 105 long du Creusot, semblable à un canon de calibre très voisin dont notre grande usine avait déjà fourni quelques batteries à la Russie.

Les artilleurs, du moins ceux qui trouvaient le 105 insuffisant, préféraient le calibre de 155 pour le canon long comme pour l'obusier. Ils avaient une raison de plus à opposer au 105 : aux distances voisines de 10 kilomètres, où le canon long serait souvent employé, l'explosion du projectile de 105, tombant sous un grand angle et contenant trop peu d'explosif, serait certainement difficile à observer, même par les avions. Là encore, les partisans du calibre assez puissant résumaient leur opinion en disant : l'artillerie lourde commence au projectile contenant 10 kilogrammes d'explosif. Or, un canon de 155 utilisant le tube de l'excellent canon modèle 1877 était étudié

(1) Ce temps paraissait surtout bien long parce qu'il « allongeait la manœuvre » à une époque où l'on prétendait représenter une bataille complète en quelques heures « pour ne pas fatiguer la troupe ».

également par le Creusot sur la demande de l'administration de la guerre, qui devait d'ailleurs en commander un certain nombre en 1914, à la veille de la guerre.

× ×

C'est naturellement à l'Etat-major de l'armée, d'après l'opinion qu'il se fait de la guerre, qu'il appartient, en principe, de peser tous les avis et de faire prévaloir auprès du Ministre le choix qu'il a fait parmi toutes les solutions proposées. La direction de l'artillerie n'est qu'un service qui fait, au besoin, des propositions. Mais, en pratique, ce furent presque toujours des directeurs de l'artillerie tenaces et convaincus qui imposèrent, pour ainsi dire, tous les perfectionnements importants que reçut notre matériel. C'est ainsi que le général Deloye, homme énergique et compétent, fit adopter notre canon de 75, après avoir beaucoup contribué, sous ses prédécesseurs, à faire adopter l'artillerie lourde de la période de 1890. On lui reprochait, il est vrai, d'être très autoritaire, de ne guère consulter les autres services ni même les siens avant d'obtenir une décision du Ministre.

Après 1901, quand le général Deloye eut été écarté du ministère, il sembla qu'un artilleur ayant suivi les questions techniques pendant une grande partie de sa carrière n'était pas à sa place à la direction de l'artillerie. La politique jouait nécessairement aussi un certain rôle dans le choix des directeurs. En tout cas, jusqu'en 1912, les directeurs de l'artillerie furent des artilleurs qui étaient surtout des officiers d'état-major. Ils n'avaient guère paru dans les services techniques et connaissaient fort peu le matériel; ils n'avaient pas occupé non plus, à l'état-major de l'armée, des situations qui permettent de suivre de près les questions d'armement. Il est d'ailleurs peu probable qu'un officier d'état-major de grade élevé, ayant de l'influence et de l'autorité, eût consenti volontiers à être chef d'un service technique où l'initiative était devenue difficile. Quoi qu'il en soit, les successeurs du général Deloye n'avaient ni idée arrêtée, ni idée préconçue, suivant une expression qui fit tant de mal aussi bien dans l'ordre technique que dans l'ordre tactique; ils n'en adoptèrent et n'en défendirent guère avec la foi qui entraîne les décisions.

Pendant toute cette période on n'adopta, en 1904, qu'un seul matériel : le canon de 155 court Rimailho, dont l'inventeur possédait une grande puissance de persuasion. Ce matériel, construit avec une ingéniosité qui n'a pas encore été dépassée, fut le premier de ce calibre qui méritât vraiment d'être qualifié : à tir rapide. Très mobile, il faisait peut-être des concessions trop grandes à la mobilité au détriment de la portée, et ce n'est qu'exceptionnellement qu'il pouvait employer, sans fatiguer certains de ses organes, la charge maxima des canons de 155 court qui l'avaient précédé. A part ce matériel, qui ne fut lui aussi construit qu'en trop petit nombre, aucune des études faites par les usines de l'Etat ou privées n'aboutissait; on se contentait d'apporter aux matériels existants des améliorations de détails qui devaient surtout satisfaire à la condition d'être peu coûteuses.

Il y avait cependant, dira-t-on, un comité de l'artillerie. Certainement, mais ce comité était consultatif et on le consultait assez rarement. En réalité, c'était le président du comité seul, disposant de la section technique de l'artillerie, qui donnait le plus souvent des avis sur les questions de matériel. Ces avis, qui tendaient à obtenir la perfection, réclamaient presque toujours des modifications aux matériels proposés, ce qui entraînait des essais supplémentaires qui se succédaient pendant longtemps. Autrefois, cette méthode avait contribué à assurer la supériorité du matériel français sur les matériels étrangers; mais à une époque de progrès rapides elle avait certainement retardé des décisions utiles. Le comité était donc plutôt un frein qu'un accélérateur, et c'est presque malgré lui, ou sans lui, que le matériel de 75 fut adopté.

Le comité fut supprimé en octobre 1910, mais comme il paraissait difficile de se passer d'un organe consultatif, il fut créé, en avril 1912, un Inspecteur des études et expériences de l'artillerie qui avait à peu près les mêmes attributions que le président du comité. La responsabilité de l'adoption de nouveaux matériels était de nouveau partagée. Mais ce qui fût plus grave, c'est que l'inspection des études devint un centre d'études de nouveaux matériels.

Le premier inspecteur des études et des expériences, qui était encore en place à la mobilisation, était le président même du comité au moment où celui-ci avait été supprimé. Il jouissait de la confiance d'un homme d'Etat éminent et respecté, mais les emplois qu'il avait occupés pendant sa carrière l'avaient peu préparé aux hautes fonctions de président du comité ou d'inspecteur des études de l'artillerie. Il était donc peu artilleur, et l'on pourrait reproduire à ce sujet les remarques déjà faites à propos des directeurs de l'artillerie depuis 1901. Il paraissait surtout penser, du reste avec quelque raison, qu'avant lui on n'avait pas assez fait appel aux études de l'industrie privée.

Dans ces conditions, il pouvait être un inspecteur tout à fait impartial. Mais il avait autour de lui des officiers ayant des idées personnelles et qui n'avaient pas tous une instruction technique acquise par la pratique. A l'inspection des études, on fit des projets de matériels qui, parfois, reposaient sur des principes tout à fait nouveaux, qu'il aurait été prudent de soumettre à des essais préalables avant d'être appliqués. La réalisation de ces projets fut confiée à des ateliers de construction assez éloignés de l'inspection, et les résultats obtenus ne furent pas toujours conformes aux désirs des inventeurs, malgré le réel dévouement des officiers des établissements. Pendant ce temps, les projets qui auraient pu venir d'autre part risquaient de paraître peu urgents. En tout cas, il est certain que la réunion dans les mêmes personnes de la double qualité d'inventeurs et de juges des inventions pouvait sembler regrettable.

En janvier 1912, un nouveau Ministre jugea que l'artillerie pourrait être utilement dirigée par un homme qui n'eût pas tout à apprendre avant d'asseoir son opinion de directeur sur des bases solides. Le directeur nommé à cette époque avait rempli divers emplois dans des établissements de l'arme. Il connaissait donc certaines fabrications; toutefois, il n'avait peut-être pas eu de fréquentes occasions d'examiner les conditions générales auxquelles doit satisfaire un matériel d'après sa destination, et d'étudier dans quelle mesure il est possible d'allier la puissance à la mobilité. Il était peut-être plus administrateur que technicien. Mais il voulait aboutir et le Ministre surtout y était décidé.

En 1912, un canon de 75 du Creusot, étudié depuis quelque temps déjà, fut adopté pour les batteries de cavalerie qui en furent armées peu avant les hostilités.

En même temps, les essais en cours sur les canons de 105 L. et de 155 L. à tir rapide furent activement poussés et ces matériels furent adoptés dans les deux années suivantes. On adopta également un mortier de 280^{mm}, pièce puissante semblable à celle que la Russie avait déjà demandée au Creusot.

C'est ainsi que furent mis en commande :

En avril 1913 : 220 canons de 105 L. qui devaient être construits moitié aux usines du Creusot, moitié dans les établissements de l'artillerie à Bourges. Les livraisons devaient s'échelonner, pour chacune des deux séries, d'août 1914 à juillet 1915.

En juin 1914 : 120 canons de 155 L. aux usines du Creusot. Les quatre premiers de ces canons devaient être livrés au mois de décembre 1915 et les seize derniers en décembre 1917.

En novembre 1913 : 18 mortiers de 280^{mm}, au Creusot, livrables de novembre 1915 à novembre 1916.

Outre que c'était peu, c'était malheureusement trop tard.

Mais les amateurs de chaque calibre avaient satisfaction, au moins en partie.

× ×

Il n'est pas inutile d'expliquer les longs délais demandés pour la construction de ces matériels.

Après le remarquable effort industriel qu'ils avaient fait pour réaliser en quatre ans notre armement de 75, les établissements de l'artillerie étaient tombés dans une certaine torpeur faute de commandes importantes. Depuis quelques années leur personnel était très réduit, et, cependant, pour lui fournir du travail, il était souvent nécessaire de répartir les faibles commandes annuelles entre tous les établissements du territoire, sans qu'il fût toujours possible de tenir compte de la spécialisation des ateliers. On hésitait toujours à renforcer le personnel à cause des difficultés particulières auxquelles donnent lieu les licenciements dans les usines de l'Etat. Or, un renforcement notable ne paraissait pas indispensable pour une commande de cent dix canons seulement.

D'autre part, le Creusot, malgré sa puissance industrielle considérée dans son ensemble, n'avait pas des ateliers d'artillerie très développés. Malgré la réputation mondiale qu'ils s'étaient acquise par la supériorité de leurs canons (1), MM. Schneider et Cie n'avaient obtenu, jusqu'alors, que des commandes relativement peu importantes. La production annuelle de leurs ateliers pouvait être de quelques batteries de campagne, d'un certain nombre de canons de place ou de bord, et de quelques dizaines de milliers de projectiles de tous calibres. La valeur totale de cette production n'était qu'une fraction assez faible du chiffre d'affaires de la Société. C'est que, malgré les succès des canons du Creusot dans leurs essais comparatifs avec les canons Krupp, l'usine d'Essen, très appuyée par l'empereur allemand, obtenait la plus grande partie des commandes des puissances qui ne construisaient pas elles-mêmes leur matériel d'artillerie.

Mais, qu'il s'agisse d'usines privées ou d'usines de l'Etat, toute nouvelle fabrication exige naturellement une durée d'exécution qui dépend à la fois du nom-

(1) Ces matériels étaient étudiés par des officiers d'artillerie, parmi les meilleurs que la société Schneider et Cie s'attachait après qu'ils avaient fait leurs preuves dans les établissements de l'Eta'.

bre d'objets semblables à fabriquer et de l'importance de l'outillage existant ou à créer. Si l'on n'établit pas tout d'abord un outillage important, on ne peut travailler qu'à un petit nombre de pièces à la fois. Si, au contraire, on fait un outillage nombreux et complet, sa construction est longue et l'on ne gagne en délais et en prix de revient qu'à la condition de travailler ensuite en séries d'un nombre suffisant d'objets de même espèce. Cette condition n'est pas réalisée avec cent dix ou cent vingt canons seulement.

L'atelier de construction de Bourges n'avait pas encore fabriqué de 105. La moitié de la commande lui avait probablement été attribuée pour faire vivre son personnel autant que pour accélérer les livraisons, et la fabrication de cent dix matériels, surtout en temps de paix, ne paraissait pas justifier la création d'un outillage important.

Quant aux usines du Creusot, qui avaient déjà construit pour la Russie quelques batteries de canons analogues à celui de 105 L., elles avaient encore moins de raisons de développer l'outillage qu'elles possédaient. En ce qui concerne le canon de 155 L., elles n'en avaient encore fabriqué que des spécimens d'étude. Mais elles n'avaient sans doute pas l'intention de créer un outillage bien considérable, car les conditions d'interchangeabilité, si désirables pourtant dans un matériel de guerre, n'avaient pu être arrêtées à la mobilisation. Ces conditions donnèrent encore lieu à des pourparlers assez longs au début de la guerre (1).

(1) La seule interchangeabilité alors exigée était pourtant celle des gros éléments du matériel : canons, berceaux, affûts, afin que l'un quelconque de ces éléments puisse être réuni à l'un quelconque des autres.

En fait, dans la situation où elles étaient avant les hostilités, les usines du Creusot étaient obligées d'échelonner non seulement les livraisons d'une même commande, mais aussi celles des commandes successives. C'est pourquoi il leur fallait plus de trois ans pour livrer les matériels commandés en 1914 après ceux commandés en 1913.

Les ateliers de l'Etat, à Bourges, Tarbes, Puteaux, Saint-Etienne et ailleurs, avaient, en réalité, une capacité d'usinage bien supérieure à celle des usines du Creusot, sous cette réserve qu'elles devaient recevoir les éléments de leur fabrication des usines privées qui, de tout temps, forgeaient et ébauchaient une grande partie de ces éléments. Il eût donc été possible d'accélérer la fabrication du matériel d'artillerie lourde en donnant une plus grande part de commandes aux usines de l'Etat qui, alors, eussent augmenté leur personnel dans toute la mesure nécessaire. On ne le fit pas, sans doute parce que Le Creusot avait établi les modèles des matériels adoptés. On peut cependant faire une remarque à ce sujet. Depuis longtemps, on s'était plaint, non tout à fait sans raisons, que l'artillerie réservât l'étude et la fabrication, tout au moins le finissage, de tout son matériel à ses établissements. Dans les années qui précédèrent la guerre, on avait, au contraire, une tendance marquée à recourir à l'industrie privée, et presque exclusivement au Creusot, non seulement pour l'ébauchage, mais pour l'étude et le finissage du matériel. La réaction était sans doute trop vive. C'était remplacer un monopole par un autre, en se privant de tirer un parti suffisant d'ateliers considérables particulièrement bien outillés pour les fabrications d'artillerie.

D'ailleurs, de toutes façons, des commandes de matériels compliqués données seulement au milieu de

1913 et en 1914 n'auraient pu être bien avancées à la mobilisation. Le délai qui s'était écoulé était alors juste suffisant pour « monter » la fabrication quelle qu'elle soit. En utilisant mieux les établissements de l'artillerie, on aurait pu seulement fixer l'époque des dernières livraisons au commencement de 1916. Mais on peut penser que si, entre 1901 et 1912, nous avions eu un directeur de l'artillerie compétent, convaincu et tenace, comme le fut le général Deloye, nous aurions pu avoir, en 1914, de l'artillerie lourde moderne en quantité au moins égale à celle que nous aurions eue à la fin de 1917, si la guerre n'avait pas éclaté, et que nous avons eue à peine au mois d'août 1916, malgré une énorme extension des moyens consacrés à la fabrication du matériel d'artillerie (1). Ce directeur eût départagé les « experts », les inventeurs et les usines de l'Etat ou privées; il eût demandé des crédits. Mais, si les directeurs qui se succédèrent pendant cette période ne parurent pas posséder une partie au moins des qualités nécessaires, c'est probablement à cause de la croyance répandue et entretenue trop longtemps dans la nation que la guerre pourrait toujours être évitée. C'est à cette cause première que doit être surtout attribué le retard apporté dans nos armements. Les divergences d'opinion entre les experts ne furent qu'un prétexte pour ceux qui ne savaient ou ne voulaient prendre aucune décision à l'utilité de laquelle ils ne croyaient pas, et aussi pour ceux qui préféraient ajourner des dépenses qu'ils jugeaient inopportunes.

(1) A cette époque, août 1916, nous n'avions encore que la moitié à peine des canons de 155 L. T. R. de la première commande.

II.

Nos usines de guerre en temps de paix et à la mobilisation.

Organisation des fabrications.

Pour se faire une idée exacte des difficultés que rencontra l'organisation de nos fabrications de guerre, il est nécessaire de voir d'abord ce qu'étaient nos usines de guerre en temps de paix, et l'état où les laissa la mobilisation.

Avant la guerre, la fabrication de notre armement était assurée, en principe, par les établissements constructeurs de l'artillerie ressortissant à l'Inspection permanente des fabrications, savoir :

Ateliers de construction de Bourges, Puteaux et Tarbes, pour les canons;

Ateliers de Bourges, Lyon, Tarbes et Rennes, pour les obus, les chargements, les amorçages;

Manufactures d'armes de Saint-Etienne, Châtellerault et Tulle, pour les armes portatives et, depuis 1897, pour le matériel de 75;

Ateliers de Douai, Rennes, Besançon, Toulouse et Vincennes, pour les équipages et fabrications diverses;

Les cartoucheries pour les munitions d'infanterie (1);

---

(1) Les cartoucheries, sauf celles d'Alger et de Valence, étaient rattachées à des ateliers.

La poudrerie militaire du Bouchet. Cette poudrerie étudiait les types de poudres et d'explosifs nécessaires à l'artillerie de terre et en fabriquait une petite partie.

Toutefois, ces établissements ne produisaient pas le métal.

Leur rôle était surtout, par un travail précis d'usinage, de montage et de finissage, d'assurer aux canons, aux affûts, aux fusils et aux munitions l'interchangeabilité, si utile en campagne, de tous les éléments qui les composent.

Le métal était acheté à l'industrie privée, soit à l'état brut : acier en rondins, tôles ou cornières, laiton en bandes, etc...; soit sous des formes et des dimensions très voisines de leurs dimensions définitives : tubes et frettages de bouches à feu, garnitures de culasse, tôles profilées, ferrures diverses. Ces éléments *ébauchés* avaient souvent nécessité, avant leur livraison à l'artillerie, non seulement un travail de forge long et difficile, mais aussi un travail assez considérable de machines-outils.

Toutes ces matières brutes et ébauchées étaient commandées et leur fabrication était surveillée, dans les forges et ateliers privés, par un organe de l'inspection permanente des fabrications : la *direction des forges* dont dépendaient les inspections des forges de Paris et de Lyon.

L'industrie privée prenait donc réellement une grande part à la construction du matériel de guerre.

En dehors de nombreuses usines réparties sur tout le territoire, c'étaient surtout les usines du Creusot, celles de Saint-Jacques de Montluçon, et celles de la Loire : Saint-Chamond, Saint-Etienne, Firminy, Unieux, Rives-de-Giers, etc., depuis longtemps spécialisées dans la fabrication des produits finis et chers, qui fournissaient à l'artillerie le métal brut ou les éléments ébauchés qui devaient posséder les qualités indispensables à la sécurité d'emploi du matériel.

Ces mêmes usines fournissaient également des éléments de canons, et même des canons et des obus complètement terminés, à la marine française ou aux marines et artilleries étrangères (1).

En supposant dans leur pleine activité les établissements de l'artillerie, ainsi que les usines privées déjà spécialisées, en partie, dans les fabrications de guerre, on ne peut pas évaluer au-dessus de 150 millions de francs la valeur totale des commandes annuelles de matériel d'artillerie (marine non comprise) qu'il était possible d'exécuter en France avant la guerre. Or, dès le mois de novembre 1914, la valeur des commandes urgentes à faire jusqu'en juin 1915 apparaissait déjà comme devant s'élever à plus de 2 milliards (2).

C'était, même en tenant compte de la majoration des prix, environ dix fois ce qu'il était possible de réaliser en un an avec une industrie en plein rendement. Et, à la mobilisation, toutes nos usines, de guerre ou autres, avaient dû réduire considérable-

---

(1) Pour la fabrication du matériel d'artillerie avant la guerre et sa répartition entre les usines de l'Etat et privées, on se reportera utilement à la conférence sur « Les industries métallurgiques et la guerre », faite le 20 mars 1916, à l'Ecole des sciences politiques, par M. Robert Pinot, secrétaire général du comité des forges de France, conférence reproduite par le *Bulletin de la Société industrielle de l'Est*, et à laquelle nous avons emprunté une partie des renseignements qui précèdent.

(2) Ce chiffre peut paraître bien modeste, à côté des dizaines de milliards consacrés, au cours de la guerre, aux fabrications d'artillerie. Il était réellement effrayant en raison de notre capacité de production, et à une époque où les considérations financières jouaient encore un certain rôle.

ment leurs fabrications, faute de personnel et de matières premières.

Cette situation de nos usines était un résultat de la conviction, à peu près unanime en tous pays, que la guerre ne pouvait durer que quelques mois, ne fût-ce qu'en raison de ses conséquences économiques et financières.

Pendant un temps aussi court on ne pouvait songer à fabriquer des canons. Les approvisionnements en matériel et en munitions devaient suffire. On n'avait prévu, pour la durée des hostilités, que la fabrication de cartouches pour armes portatives, de quelques milliers d'obus par jour, d'objets de rechange et la réparation des canons et fusils dégradés. Des marchés dits de mobilisation, de faible importance, étaient préparés conformément à ces prévisions.

Quelques personnalités, jugeant et critiquant après coup, s'indignèrent vivement de cet état de choses et tout particulièrement du vide laissé dans les usines de guerre par la mobilisation. Il ne semble pourtant pas que ces personnes, plus que d'autres, aient jamais prédit une guerre prolongée, ni, surtout, qu'elles se soient chargées en temps utile de diriger l'opinion publique qui réclamait l'égalité absolue, au moins apparente, devant les risques de guerre.

× ×

En tout cas, les choses étaient ainsi, et, la guerre étant venue, il était au moins inutile de discuter à ce moment sur les erreurs commises avant la guerre. Il fallait faire face aux réalités qui se présentaient brutalement et presque simultanément.

Ce fut d'abord, au milieu de septembre 1914, la

nécessité de fabriquer des obus de campagne en quantité telle que personne ne l'avait jamais rêvée et qui, à elle seule, faisait apparaître l'insuffisance inouïe de nos usines amputées par l'invasion.

Au commencement de janvier 1915, alors que la fabrication des obus de 75 était à peine en marche, il fallait commencer celle des obus de tous calibres afin de ne pas risquer de nous trouver, pour tous les canons, dans la terrible pénurie de projectiles où nous étions encore pour les canons de campagne.

Ensuite, fin janvier 1915, survint l'obligation inattendue de développer brusquement la production des canons de campagne, en même temps qu'il fallait recréer la fabrication des fusils, presque disparue en France depuis plus de dix ans. Et ces deux fabrications, celle des canons de 75 et celle des fusils, venaient s'opposer l'une à l'autre, presque au point de s'exclure, dans nos manufactures d'armes (1).

A partir de janvier également, la construction des canons et engins divers de tranchée exigea, elle aussi, des moyens de production importants.

D'où d'énormes commandes qui venaient, pour la plupart, s'accumuler dans les usines de guerre qui s'efforçaient déjà, avec peine, de compléter leur personnel et de trouver des matières premières pour reprendre la fabrication de canons lourds interrompue par la mobilisation, pour adapter les anciens canons de siège à la guerre de campagne, construire des voitures de toutes sortes, réparer des canons de 75 et des quantités considérables de fusils, développer au maximum les fabrications qui avaient été prévues pour le cours des hostilités.

En effet, pour les fabrications de matériel de guerre

---

(1) Voir chapitre VI : « Fusils. »

proprement dit : canons, fusils, mitrailleuses et même pour les obus de gros calibres, il ne pouvait être question de recourir à des industries variées comme on avait heureusement pu le faire, non sans quelques risques, pour la production intensive des obus de 75. Ces fabrications difficiles, et qui doivent donner des garanties de sécurité, ne peuvent se développer rapidement qu'autour d'usines ayant déjà un centre de fabrication analogue et un cadre professionnel expérimenté susceptibles d'extension progressive. Pour créer, sans trop de lenteur, ces mêmes fabrications dans des ateliers pourvus d'un outillage adaptable, il est nécessaire qu'elles soient installées et dirigées, ou tout au moins guidées d'assez près, par quelques ingénieurs, contre-maîtres et ouvriers fournis par des usines ayant déjà l'habitude des travaux à exécuter.

C'est ainsi que les grandes usines déjà spécialisées ont pu, tout d'abord, augmenter considérablement leur production en s'assurant le concours d'autres industriels souvent importants. Mais l'improvisation hâtive et complète des fabrications de guerre, comme de toutes autres, ne peut donner que des mécomptes. Elle en a donné, même pour les obus de 75, dans des ateliers sous-traitants ou dans des usines nouvellement créées, dont le personnel n'avait pas l'expérience de son nouveau travail, et qui n'a pas été suffisamment guidé.

L'activité, l'intelligence, la connaissance approfondie du travail habituel, jointes au plus grand patriotisme, ne suffisent pas toujours. Il faut connaître la question du moment et cette connaissance ne s'acquiert qu'en pratiquant plus ou moins longtemps. Les gens universels sont très rares.

Le général qui fut directeur de l'artillerie, de novembre 1914 à mai 1915, était tout à fait imbu de ces idées. C'est ce qui pourra expliquer, aux personnes qui s'en étonnaient, le scepticisme qu'il manifestait lorsque des gens, ignorant tout de toute fabrication, venaient lui offrir à très brève échéance des canons, des fusils, des mitrailleuses ou des obus qui devaient être fabriqués dans des usines encore inexistantes ou qu'ils n'avaient pas vues.

L'occupation par l'ennemi de notre région du Nord avec sa puissante industrie se faisait cruellement sentir. Tout l'outillage susceptible d'être appliqué aux fabrications de guerre qui existait sur le territoire non envahi était hors de proportion avec les besoins à satisfaire.

On avait pensé, naturellement, à faire des commandes considérables à l'étranger, notamment en Amérique, pays que l'on se représentait volontiers comme capable de productions énormes et rapides en toutes sortes de matériels. Mais ce pays était particulièrement peu outillé pour la fabrication des canons, des fusils et des obus. Les rares usines spécialisées étaient d'ailleurs sollicitées par nos alliés, dont l'indigence en matériel était encore bien plus grande que la nôtre.

De plus, si l'industrie américaine était très apte à multiplier ses fabrications habituelles, en accroissant son outillage et son personnel, elle était moins apte que la nôtre à changer complètement la nature de ses productions ordinaires. Il était, en outre, difficile de lui imposer des cahiers des charges et de faire contrôler d'aussi loin les fabrications par un personnel assez nombreux, expérimenté et convaincu de la nécessité des conditions à remplir. En France même, cette question du contrôle présentait de grandes difficultés.

Et comment obtenir à l'étranger la création de nouvelles usines très spécialisées, nécessitant des capitaux considérables, difficiles à transformer ensuite pour d'autres fabrications, lorsqu'on croyait encore que le sort de la guerre se déciderait dans des chocs prochains? Au point de vue financier, il fallait également éviter de multiplier les payements à l'extérieur.

Enfin, il était dangereux de donner à des neutres des commandes trop nombreuses dont les livraisons auraient pu être mises en question en cas de revirements diplomatiques qui n'étaient pas impossibles.

La plupart de ces considérations s'appliquaient à l'Angleterre, qui, d'ailleurs, avait recours à nous dans les premiers mois de la guerre pour se procurer certains matériels; elle n'avait pas encore commencé son grand effort industriel et, quand elle l'eut entrepris, elle n'eut pas trop de toutes ses ressources, malgré leur ampleur, pour le mener à bien.

En fait, quelques commandes assez restreintes d'obus, de gaines, de fusées et de fusils, données à des neutres et à des alliés, à certains moments critiques, ne furent pas livrées ou ne le furent qu'avec de longs retards.

Toutefois, il était possible et il fut indispensable de demander à l'étranger des objets fabriqués présentant un caractère commercial tels que machines-outils, camions automobiles, matériel de chemin de fer à voie étroite, voitures diverses, ainsi que les matières premières que nous ne trouvions pas dans notre sol ou qui n'en pouvaient être extraites à court délai. Nos alliés et les neutres reçurent donc de très nombreuses et importantes commandes, soit de l'administration de la guerre. soit des industriels français.

× ×

Chez nous, grâce à l'enthousiasme, à l'ingéniosité et à la volonté dont nous sommes capables dans les mauvais moments, les concours dévoués et consciencieux affluèrent de toutes parts. Chez nous, le Ministre et ses services purent donner une impulsion continue, diriger les bonnes volontés, exercer le contrôle indispensable et parfois faire fléchir les intérêts particuliers devant l'intérêt général. C'est là que le facteur temps, que l'on ne peut supprimer en industrie, pouvait être et fut réduit dans la plus grande mesure possible.

Mais il fallait construire de toutes pièces de nouvelles usines à ajouter à celles qui existaient et les pourvoir, les unes et les autres, de machines, de matières premières, de personnel. De nouveaux ateliers s'élevèrent dès les premières commandes et sous la pression des délais de livraisons acceptés ou demandés. Ce ne fut pas toujours sans quelques résistances à cause de la croyance encore très répandue que la guerre ne se prolongerait pas au delà de 1915. On ne peut s'étonner que, malgré les hauts prix consentis par l'Etat, des chefs d'industrie aient songé à la difficulté d'utiliser plus tard des installations coûteuses, mal appropriées à leurs fabrications ordinaires, et souvent hors de proportion avec leur chiffre d'affaires habituel. Certains d'entre eux ne se souciaient pas de recourir aux avances de fonds que l'Etat consentait au besoin.

Il est juste de dire que de nombreux industriels n'éprouvèrent pas ces hésitations bien naturelles et qui, du reste, disparurent peu à peu devant les exemples donnés, et lorsqu'il fut certain que les hostilités se prolongeraient bien au delà de ce que l'on s'était d'abord imaginé.

Des machines de tous genres en nombre considérable étaient nécessaires à l'extension des anciens ateliers et à la constitution des nouveaux. Nos constructeurs mécaniciens, manquant de matières premières et de personnel, ne pouvaient en fournir qu'une faible partie. On en trouva d'abord assez facilement en Amérique et en Angleterre; mais les stocks s'épuisèrent vite et il fallut attendre la construction, heureusement assez rapide en ces pays, de nouvelles machines. Nos industriels durent également construire eux-mêmes une partie notable de leur outillage, en consacrant à ce travail une partie de leur personnel et de l'outillage existant au lieu de les appliquer immédiatement à leurs commandes. De ce fait, les premières livraisons se trouvèrent nécessairement retardées au profit des productions ultérieures.

L'approvisionnement en matières premières rencontra des obstacles particulièrement graves, soit parce qu'il exigeait aussi la remise en marche d'usines arrêtées par la mobilisation, soit à cause de la difficulté des transports. Le fret était très rare, plus rare probablement qu'il ne le fut à aucun autre moment de la guerre : nos Compagnies de navigation avaient désarmé presque tous leurs bateaux; les marines marchandes étrangères avaient réduit leur activité ou étaient débordées par les transports de matériel et de denrées pour tous les belligérants; les navires arrivant dans nos ports y stationnaient longuement par suite d'un outillage insuffisant et du rendement souvent médiocre du personnel employé aux déchargements. D'autre part, sur nos voies ferrées, les transports commerciaux, complètement arrêtés à la mobilisation, ne purent être rétablis que lentement et dans une mesure réduite, une grande partie du matériel étant absorbé par le ravitaillement des armées et les déplacements de troupes qui se faisaient sur le front. Pour juger de l'effort à réaliser en ce qui concerne les matières premières, il suffira d'examiner la situation dans laquelle nous nous trouvions pour l'acier, cette matière d'une nécessité primordiale pour l'artillerie.

Avant la guerre, la production annuelle de l'acier brut en France atteignait 4.635.000 tonnes (1), dont les trois quarts dans les régions envahies ou très voisines du front de l'Est et du Nord. Le reste du territoire n'en pouvait donc produire que 1 million de tonnes environ, soit 3.000 tonnes par jour, dont moitié seulement en métal considéré comme pouvant convenir à la fabrication du matériel d'artillerie et des obus.

Cette production aurait été suffisante, au moins au début de la guerre, si la plupart des aciéries dont nous disposions encore n'avaient éteint leurs fours. A la fin d'août 1914, une première enquête avait fait ressortir que la production journalière, en partie absorbée par les marchés de mobilisation, était tombée à 250 tonnes environ. En outre, les stocks dans les usines étaient très faibles.

Le 20 septembre, la production n'était pas augmentée sensiblement lorsque fut organisée la fabrication des obus de 75 pour laquelle il fallait trouver immédiatement 200 tonnes par jour, 500 dans les premiers jours de novembre, 800 et plus bientôt après pour réaliser le programme établi.

Le 25 septembre, M. Millerand ayant pris des me-

---

(1) Donnant environ 70 p. 100 de produits finis.

sures pour rendre du personnel mobilisé aux usines, une production journalière de 630 tonnes d'acier en barres pour les obus de 75 seulement fut répartie entre quatorze aciéries. Mais, en raison surtout de l'insuffisance des moyens de laminage, cette production ne fût atteinte approximativement qu'à la fin de décembre. Au commencement du même mois, les besoins journaliers de l'artillerie étaient déjà évalués à 1.140 tonnes, dont 930 pour les obus de tous calibres; il y fallait joindre 240 tonnes pour les fabrications du service du génie. En mai 1915, les consommations s'élevaient à près de 1.800 tonnes pour les fabrications de guerre.

D'ailleurs, les commandes du ministère de la guerre n'absorbaient pas tout le métal produit; une partie en était nécessairement consacrée soit à des constructions diverses, machines, bâtiments, pour lesquelles les constructeurs se procuraient directement le métal, soit à des besoins qui intéressaient la vie renaissante du pays et qu'il n'était pas possible de supprimer complètement. Quoi qu'il en soit, la fabrication française de l'acier était et resta toujours très inférieure aux besoins par suite de la difficulté de l'alimenter en fonte et en combustible (1).

Sur 5.300.000 tonnes de fonte que nous produisions annuellement avant la guerre, les quatre cinquièmes provenaient des régions envahies ou rapprochées du front. Les hauts-fourneaux qui nous restaient en pouvaient fournir à peine 1 million de ton-

---

(1) En fait, la production d'acier, qui s'était élevée à 2.298.000 tonnes au total dans le premier semestre de 1914, tomba à 357.000 tonnes pendant le second semestre; la production de fonte, qui avait été de 2.449.000 tonnes pendant le premier semestre, s'abaissa à 241.000 tonnes dans le second. (Note de juin 1919.)

nes, dont une partie devait être employée en fonte moulée.

Les mines de fer dont nous disposions encore pouvaient fournir annuellement 2.300.000 tonnes de minerai environ, alors que, avant les hostilités, nous en consommions 11.500.000 tonnes sur les 22.000.000 que nous produisions et qui étaient extraites pour la plus grande partie du bassin de Briey.

Notre production de houille, déjà très insuffisante pour notre consommation, était réduite de près des deux tiers par l'envahissement de nos départements du Nord et du Pas-de-Calais; nos houillères non envahies, en leur rendant leurs mineurs mobilisés, n'en pouvaient fournir annuellement que 15.000.000 de tonnes, alors qu'avant la guerre notre métallurgie en absorbait 12.000.000 et nos chemins de fer près de 9.000.000 de tonnes.

Enfin, le coke métallurgique, dont nous employions 6.000.000 de tonnes par an, nous était fourni pour la presque totalité par la Belgique, nos départements du Nord et par l'Allemagne qui, à elle seule, nous en fournissait 2.400.000 tonnes.

C'est dans de telles conditions, avec la nécessité de rechercher de nouveaux marchés, avec tous les aléas de transport indiqués précédemment, qu'il fallait réorganiser notre fabrication d'acier.

Nos industriels surent vaincre ces difficultés. Toutefois, cette réorganisation ne pouvait fournir assez vite les quantités nécessaires et il fallut acheter à l'étranger de l'acier aussi bien que du minerai, du coke et des fontes. Cette obligation subsista d'ailleurs pendant toute la guerre, dans une mesure plus ou moins grande, par suite de l'extension continue des fabrications. D'importants marchés d'acier furent donc passés à l'étranger dès les premiers mois de la guerre, notamment en Angleterre et en Amérique, par des industriels et par l'administration (1). Mais le métal obtenu ne présentait pas toujours les qualités requises et il fallut, pendant assez longtemps, accepter les qualités courantes du commerce. Une amélioration réelle ne fut obtenue qu'assez tardivement et grâce aux missions d'ingénieurs envoyés par nos industriels, spécialement par Le Creusot, et dont la science fut appréciée par nos alliés.

× ×

Les usines, anciennes et nouvelles, manquaient de personnel. La solution de cette question était difficile et délicate; elle ne cessa de l'être pendant toute la durée de la guerre. Au début, il existait, à l'intérieur, de nombreux ouvriers non mobilisés, réfugiés ou chômeurs, appartenant à des industries très diverses arrêtées par la mobilisation, et parmi lesquels se trouvaient certainement des mécaniciens professionnels. Il est vrai que ces ouvriers ne recherchaient pas tous des emplois. En procédant à une sorte de mobilisation civile, on aurait pu mettre ces ouvriers, et d'autres personnes encore, dans l'obligation de travailler immédiatement dans les usines de guerre, comme ils durent s'y résoudre ensuite, mais un peu lentement, quand la guerre se prolongea. Cette mobilisation civile aurait évité de rappeler du front un trop grand nombre de mobilisés (2).

---

(1) Dès le mois de décembre 1914, les marchés passés en Angleterre par la direction de l'artillerie devaient lui assurer déjà 900 tonnes d'acier par jour.

(2) Cette mesure aurait évité également les difficultés qu'on rencontra plus tard pour renvoyer aux armées des mobilisés que leur âge désignait pour le front.

Au début, les industriels demandèrent, comme il était naturel de leur part, le retour immédiat de leurs ouvriers mobilisés. Des parlementaires, et M. Ch. Humbert plus spécialement, réclamèrent également le rappel de tous les ouvriers nécessaires pour peupler les anciennes et les nouvelles usines. Le directeur de l'artillerie, en se plaçant à son point de vue particulier, eût été volontiers de l'avis des uns et des autres. Toutefois, les commissions parlementaires constataient aussi que nous manquions d'effectifs et demandaient que tous les hommes valides fussent envoyés au front pour les chocs que l'on supposait prochains. De leur côté, les armées réclamaient des renforts qui s'élevèrent jusqu'à 190.000 hommes par mois et descendaient rarement au-dessous de 150.000. En outre, l'artillerie, le génie et les services automobiles ne peuvent se passer complètement d'ouvriers professionnels d'une certaine valeur. Il était donc difficile de résoudre le problème qui consistait à envoyer au front tous les hommes capables de porter les armes et à augmenter, en même temps, dans une mesure indéfinie, le personnel employé à tourner les canons et les obus.

En réalité, il était indispensable de rappeler du front et à mesure des besoins les vrais spécialistes : métallurgistes, mécaniciens, ajusteurs et tourneurs de précision, que l'intérieur ne pouvait fournir en assez grand nombre pour construire et appareiller les nouvelles machines et pour régler les nouvelles fabrications. Tous les autres ouvriers pouvaient être trouvés à l'arrière, en faisant appel aux femmes, ainsi, du reste, qu'on le fit dès le début.

Dès la fin de septembre, les dépôts des corps de troupes furent largement ouverts aux directeurs d'usines pour la recherche des ouvriers professionnels susceptibles d'être employés utilement par eux. En même temps, des ingénieurs et des contre-maîtres ainsi que des ouvriers, désignés nominativement, étaient demandés aux armées. Tous ne revenaient pas, car il y avait des morts, des blessés, des disparus et des prisonniers. D'autres ne revenaient pas vite, soit parce que les armées les considéraient comme indispensables, soit parce qu'ils avaient fait l'objet de mutations et étaient difficilement retrouvés (1).

Ces procédés de recrutement : embauchage de chômeurs, recherche d'ouvriers dans les dépôts, demande aux armées d'un nombre déjà important de spécialistes, étaient évidemment moins satisfaisants pour les directeurs d'usines et moins favorables à la reprise rapide du travail que si toutes les équipes expérimentées avaient pu être reconstituées au complet et immédiatement dans chaque atelier. C'était pourtant une conséquence inévitable de l'état de guerre, que l'on ne comprit pas toujours autant qu'il l'aurait fallu.

Aussi, lorsque, dans les assemblées d'industriels, l'administration de la guerre était obligée de constater les retards vraiment considérables des livraisons, on entendait parfois des assistants rejeter la responsabilité sur l'administration qui ne leur avait pas fourni tout le personnel qu'ils avaient demandé.

---

(1) A la fin de février 1915, le nombre des ouvriers militaires, en sursis d'appel ou détachés de leur corps dans les usines de guerre de l'Etat ou privées, s'élevait déjà à 88.000 au moins. Au commencement d'avril, les mêmes usines employaient 175.000 ouvriers civils, dont 34.000 femmes. Ces nombres ne comprennent pas le personnel civil ou militaire employé par la marine et les chemins de fer du Midi aux fabrications de guerre, ni par les poudreries ou usines privées détachées au service des poudres, ni les nombreux mobilisés rappelés par les directions de l'intendance, du génie, etc., dans les usines qui travaillaient pour elles.

Mais il arriva souvent que l'on ne pouvait cependant pas expliquer des retards, qui se reproduisaient et s'exagéraient de mois en mois, par le manque de quelques ouvriers qui, du reste, auraient presque toujours pu être trouvés à l'intérieur. En réalité, les retards étaient dus très souvent aux difficultés de fabrication qui se révélaient ou à une insuffisance d'outillage, soit que l'on se fût trompé sur la capacité de production de l'outillage existant, soit qu'il fût réellement impossible de construire ou de se procurer de nouvelles machines dans le court délai annoncé tout d'abord. Le manque de personnel et le défaut de métal, souvent invoqué également, ne furent pas toujours les causes principales des retards. On ne doit pas être surpris de ces divergences de vues; l'ensemble des industriels, les réclamants eux-mêmes, étaient d'ailleurs parfaitement fixés sur les responsabilités de chacun et, plus exactement, sur les difficultés inouïes que tous rencontraient : administration et directeurs d'usines.

× ×

C'est au milieu de ces difficultés, qui étaient souvent des impossibilités, que se mouvaient le Ministre et le directeur de l'artillerie auxquels on s'en prenait naturellement lorsque la production n'atteignait pas les chiffres annoncés aux pouvoirs publics.

Dans les trois premiers mois de la guerre, pour les obus, les gaines, les fusées, les fusils, les promesses de livraisons rapides avaient été faites d'enthousiasme par les industriels. De leur part, ces promesses étaient explicables parce que la plupart d'entre eux avaient à peine notion de la nature exacte du travail qui leur était demandé, et le temps avait manqué pour leur donner des explications suffisantes. Ils ignoraient, par exemple, qu'ils auraient à travailler des aciers qu'il faudrait « tremper » et faire « revenir » de façon à satisfaire à des conditions assez strictes; que la résistance à l'outil de ces métaux serait supérieure à celle du métal qu'ils mettaient habituellement en œuvre. Ils n'avaient pas une idée très précise de la faiblesse des tolérances de dimensions et de poids auxquelles il faudrait satisfaire, ni du fini qu'il faudrait réaliser sur certaines surfaces. Cependant, il ne faut pas regretter les promesses ainsi faites, car elles augmentaient, s'il en était besoin, l'émulation de tous en piquant l'amour-propre de chacun.

Il est plus étonnant peut-être que les techniciens de l'artillerie aient paru croire, même entre eux, à la possibilité de réaliser ces promesses, et que des illusions qui auraient pu être dangereuses aient ainsi pu se transmettre aux pouvoirs publics et aux chefs des armées.

En novembre, puis en décembre 1914, quand la fabrication des obus d'abord, toutes les fabrications ensuite, passèrent aux mains d'un nouveau directeur, quelques illusions étaient déjà tombées. Les retards acquis ne pouvaient pas être rattrapés, parfois ils s'augmentèrent. Le directeur pensait qu'il ne faut pas se faire d'illusions à soi-même, ni en créer à ceux qui étaient responsables de la conduite de la guerre et des opérations. Aussi, dans les réunions périodiques d'industriels, il engageait ceux-ci, pour les premières commandes comme pour les suivantes, à bien examiner leur situation avant de faire de nouvelles promesses, à considérer l'insuffisance de leurs ateliers et la nécessité de les accroître. Il se voyait alors accusé d'arrêter l'élan des fabricants et des fabrications.

Dans les rapports des commissions parlementaires, on le conjurait d'imposer sa volonté, conseil que son tempérament rendait du reste assez superflu. Il cherchait, en effet, à imposer sa volonté, celle du Ministre, en désignant à certaines usines les commandes qui convenaient à leurs moyens de production. Il prétendait remplir son devoir en exerçant son droit de choisir les modèles de canons et de fusils, les tracés des obus. Il prétendait également ne pas commencer tout à la fois et régler les commandes d'après l'urgence indiquée par les armées, d'après les possibilités d'exécution du moment et même d'après les événements.

Mais ces prétentions de directeur, qui voulait diriger, se heurtaient quelquefois à des préférences qui eussent été faciles à vaincre, si elles n'avaient été soutenues par de hautes influences accusant l'administration de brider les initiatives.

En mars et en avril 1915, les rapports des commissions parlementaires, ceux de M. Ch. Humbert surtout, reprochaient au directeur de l'artillerie de n'avoir pas fait, en huit ou dix mois de guerre, tout ce qui manquait encore; on lui suggérait d'opposer des mesures exceptionnelles à des circonstances exceptionnelles! Il en était réduit à répondre qu'il était difficile de faire en quelques mois ce que l'on aurait dû faire depuis dix ans; qu'il était impossible de fabriquer instantanément, avec des moyens encore en voie de création, pour quelques milliards de matériel, faute d'avoir dépensé un milliard en temps utile. Il devait expliquer que, même en guerre, le rendement de l'homme et de la machine ne peuvent être accrus indéfiniment; que rien ne pouvait faire que certains éléments du matériel, tels que la glissière-frein du canon de 75 ou le berceau du canon de 105, ne restassent des centaines d'heures sur la machine à fraiser.

En mars 1915, dans une séance de sous-commission du Sénat, où il avait été convoqué, le directeur de l'artillerie se vit reprocher d'avoir supprimé, en novembre 1914, des commandes de canons de 75 de modèles spéciaux qui venaient d'être données à deux grandes usines.

A cette dernière date, où des éclatements de canons de 75 ne s'étaient pas encore produits, le directeur avait justifié cette suppression en disant : « Nous ne pouvons tout faire à la fois, des obus, des canons lourds, des mortiers de 370 et des canons de 75. Nous produisons en ce moment cinq obus par canon de 75 et par jour, nous avons assez de canons de 75 pour le moment, et, quand nous pourrons en fabriquer, tout le monde fabriquera des canons réglementaires. »

A la même époque, il avait dit à diverses personnes : « Au front, d'où je viens, faute de munitions, un seul canon tire dans chaque batterie, ou bien une seule batterie sur trois reste en ligne pendant que les autres sont parquées à l'arrière; nous avons trop de canons pour ce que nous avons d'obus. »

M. Ch. Humbert se montrait fort mécontent de ces paroles, qui lui avaient été rapportées au moins partiellement, et que le directeur lui confirma. Le rapport que M. Humbert établit quelques jours après traduisait : « A l'administration de la guerre, on professe que nous avons trop de canons. » Et cela se répéta dans les journaux.

La légende était créée.

Il arriva même que les canons de campagne se

transformèrent en canons lourds pour des officiers des armées qui recevaient des renseignements de l'intérieur. On peut penser que la faute leur paraissait lourde (1)!

Les rapports parlementaires parvenaient, naturellement, à l'administration qui devait y répondre. Les réponses n'avaient pas d'autre inconvénient que de faire perdre du temps aux bureaucrates; elles avaient l'avantage de permettre de protester contre les exagérations, de rétablir les faits et de discuter des assertions qui étaient quelquefois suggérées par des intérêts qui ne se confondaient pas exactement avec ceux du pays. Ces réponses seront sans doute publiées avec les rapports qui les motivaient.

Chaque sous-commission avait d'ailleurs une tendance très naturelle à demander que tous les moyens des usines qu'elle avait visitées soient appliqués à la fabrication du matériel qu'elle avait charge d'examiner particulièrement. Il était donc difficile de donner satisfaction à tout le monde. Pour satisfaire quelques-uns seulement, il aurait fallu consacrer presque toutes nos usines de guerre du début à la production d'une seule sorte de matériel, comme on avait dû et pu le faire en temps de paix, pour le matériel de 75, par exemple, lorsque les fabrications importantes des

---

(1) L'auteur a été très étonné de n'être pas convoqué par la commission d'enquête sur Briey, lorsqu'il a vu que le général Sainte-Claire Deville était appelé devant cette commission pour expliquer comment il aurait dit, un jour, que nous avions assez de canons. La commission et son président ne pouvaient pourtant ignorer que le propos avait été attribué et reproché au général Baquet et que c'était beaucoup plus grave, puisqu'il était en situation de commander des canons et que le général Sainte-Claire Deville ne le pouvait pas. Si ce dernier officier général, et d'autres personnes peut-être, ont pu exprimer la même idée, sous une forme ou sous une autre, cela prouve simplement que, tout au début de la guerre, la fabrication des obus était beaucoup plus urgente que celle des canons.

diverses parties de l'armement se présentaient successivement.

Il est, sans doute, bon et nécessaire que le contrôle du Parlement puisse s'exercer sur les administrations de l'Etat. On peut néanmoins douter que des ingérences continues, portant sur tous les détails et non sur l'ensemble, et qui ne tiennent pas compte de la nécessité des faits, mais seulement d'un effet à produire, aient vraiment une action favorable sur la rapidité d'exécution des travaux.

Peut-être peut-on en dire autant de certaines interventions concernant les propositions faites par des intermédiaires ou des inventeurs. Ces interventions paraissaient procéder vraiment trop de cette idée que l'administration de la guerre se proposait, avant tout, et sans aucun examen, de rejeter les offres qui lui étaient faites, et qu'elle était pourtant si heureuse d'accueillir lorsqu'elles semblaient, si peu que ce fût, de nature à faciliter sa tâche.

Il n'est pas nécessaire d'insister sur la valeur réelle, que tout le monde connaît, des propositions de la plupart des intermédiaires à la recherche de commandes dont ils n'auront à réaliser que les commissions s'ils peuvent, par hasard, placer ces commandes. Mais il n'est pas inutile de rappeler que le plus grand nombre des inventions apportées aux administrations en temps de guerre n'ont pas de valeur du tout et sont assez faciles à discerner.

Il y a bien des gens qui, dans la pureté de leur cœur et dans l'ardeur de leur patriotisme, sans avoir aucune notion de la question qu'ils croient avoir étudiée, sont persuadés qu'ils ont trouvé un moyen facile et prompt de sauver le pays. On ne saurait leur en vouloir, mais on devrait comprendre que les personnes responsables du bon emploi du temps de leurs services et de l'activité des usines croient devoir écarter ces inventions, sans trop craindre de s'exposer au fâcheux renom que les inventeurs, et ceux qui les patronnent, vont leur faire dans le public.

C'est ainsi que le directeur de l'artillerie était souvent contraint de renvoyer à la commission compétente, ou même d'éconduire immédiatement, des inventeurs qui venaient lui apporter *une idée* représentée, par exemple, par un grossier schéma tel qu'un contour d'obus projetant du feu sous forme de traits au crayon rouge. Il est vrai que c'était, paraît-il, à ses services qu'incombait le soin de mettre l'idée au point.

Certain jour, il fallut refuser un canon de tranchée qui avait quelques mètres de longueur et qui avait fait ses preuves dans les tranchées de Cuba; il en était ramené par un ex-sergent américain qui l'avait employé, assurait-il, pendant la guerre hispano-américaine, mais qui paraissait en avoir oublié quelque peu le fonctionnement. L'engin fut cependant examiné de façon plus approfondie qu'il ne le méritait, par déférence pour les personnalités connues et influentes qui accompagnaient le sergent. Malgré cette preuve de bonne volonté, on appliqua au directeur le vieux cliché : « Il n'a d'yeux que pour les produits de la chapelle Saint-Thomas-d'Aquin et de la chapelle Saint-Dominique. »

Ce sont là, évidemment, de petites misères, mais qui font perdre beaucoup de temps et qui sont assez agaçantes lorsqu'elles s'accumulent et que l'on a de graves soucis.

× ×

Les critiqueurs paraissaient tous convaincus qu'avec une énergie égale à la leur les fabrications pouvaient être poussées, toutes ensemble, avec une extrême rapidité (1). S'ils le pensaient encore, il leur faudrait faire non seulement le procès de la direction de l'artillerie, mais aussi celui du monde industriel français tout entier qui, lui, avait certainement le désir de produire le plus possible, au plus tôt, et y mettait tout son zèle. Il leur faudrait indiquer, de façon concrète, quels moyens plus efficaces et plus rapides, quelles activités utiles plus grandes, quels dévouements plus complets ils auraient pu faire surgir, au profit du pays et à chaque moment, sans désorganiser les armées. Et si, comme il est possible, on arrivait à démontrer que la mise en marche de la grande usine de guerre française aurait pu être légèrement accélérée, on pourrait se demander si le retard ne peut être attribué, en partie, à des influences qui s'exercèrent quelquefois en faveur d'intérêts particuliers, prétendant choisir leur part dans l'œuvre d'ensemble, au lieu de s'appliquer de suite et de toute leur ardeur aux fabrications qui leur étaient demandées.

Mais, avec le recul des années, on reconnaîtra peut-être la disproportion immense qui existait, au début, entre les commandes faites et les moyens d'exécution. On se souviendra peut-être que ces moyens pouvaient difficilement s'accroître plus vite au moment où les critiqueurs eux-mêmes se préoccupaient encore des sommes dépensées et annonçaient la fin des hostilités avant l'hiver de 1915-1916, en se réservant

(1) En 1917 et surtout en 1918, il fut encore souvent impossible de faire tout à la fois. Il fallut bien admettre que certains industriels ne recevraient que peu ou pas de charbon ou de métal. Le Ministre de l'armement fut bien obligé d'établir un ordre d'urgence dans les commandes et n'en fut pas trop blâmé. Mais ceux qui étaient contraints de prendre les mêmes mesures en 1914 et 1915 étaient, paraît-il, bien coupables.

peut-être de reporter cette fin d'année en année à la même saison. Alors on admettra que, au début de la guerre, et pendant longtemps, il fallut choisir les plus urgents entre les besoins et souvent modifier l'ordre d'urgence, parfois au jour le jour, sous la pression inéluctable des événements et des accidents de guerre.

En étudiant le rôle véritable des services de l'artillerie sous le ministère de M. Millerand, un historien désintéressé et compétent remarquera sans doute qu'en industrie la mise en marche est de beaucoup la chose la plus difficile. De plus, s'il compare la progression de l'usine française à celle des usines étrangères, alliées ou ennemies, le résultat de sa comparaison sera probablement à l'honneur de la première de ces usines, malgré la différence des moyens à l'origine.

III.

Obus.

Obus de 75.

Avant la guerre, l'approvisionnement en munitions du canon de 75 avait été l'objet de fréquentes discussions. Les bases d'évaluation : manœuvres et guerres récentes, notamment celle de Mandchourie, donnaient lieu aux interprétations les plus diverses. Certains officiers, et particulièrement le général Langlois, avaient demandé jusqu'à 3.000 coups, en faisant ressortir les énormes consommations auxquelles exposait un canon à tir extrêmement rapide.

Quoi qu'il en soit, l'approvisionnement à constituer dès le temps de paix avait été fixé, au début de 1913, à 1.700 coups par pièce à mobiliser, dont 1.300 en cartouches montées et 400 en éléments qui devaient être livrés en cartouches montées avant le soixantième jour de la mobilisation (1). Ce chiffre de 1.700 coups était d'ailleurs considérable, en comparaison

(1) La munition de 75 est une cartouche semblable, aux dimensions près, à la cartouche du fusil. Elle se compose d'une douille en laiton amorcée contenant la charge de poudre, et dans laquelle s'emboîte le projectile rempli de balles ou d'explosif. L'obus à balles est amorcé au moyen d'une fusée percutante et fusante. L'amorçage de l'obus explosif comportait une gaine-relai et une fusée-détonateur percutante à retard qui produisait, le plus souvent, l'éclatement au-dessus du sol après ricochet. D'autres fusées, dites instantanées, ont été également adoptées dès le début et au cours de la guerre pour varier l'effet des projectiles suivant les circonstances.

des consommations moyennes faites dans les dernières campagnes, et les règlements contenaient des prescriptions dont l'observation devait permettre d'éviter des consommations injustifiées. On avait peut-être hésité aussi devant une dépense plus considérable et l'on pouvait se souvenir que, une dizaine d'années auparavant, l'approvisionnement était tombé à environ 700 coups par pièce.

Mais la mobilisation nous surprit en pleine exécution du programme de réalisation de notre approvisionnement. Le 2 août, la dotation de chaque canon était de 1.390 coups seulement, ce qui donnait un total de 5.700.000 coups environ, dont à peu près 2.200.000 à obus explosifs et le reste à obus à balles dénommés aussi shrapnells (1).

Les 1.390 coups comprenaient 1.190 cartouches montées et 200 cartouches représentées par leurs éléments : douilles en laiton, poudre, obus chargés, fusées, qui pouvaient être réunis rapidement.

Dans les combats du mois d'août, la consommation de munitions de 75 avait déjà été considérable, bien que notre artillerie de campagne n'ait été souvent engagée qu'en partie, du moins en temps utile. Après la victoire de la Marne, qui fut un triomphe pour le canon de campagne français, la situation des munitions se révéla extrêmement critique. Aux armées, des ordres durent être donnés pour réduire les tirs au strict minimum compatible avec la sécurité du front.

Le 17 septembre 1914, le Ministre de la guerre était informé que les munitions menaçaient de manquer et qu'il fallait porter à 80.000 par jour la production

---

(1) Les approvisionnements étaient prévus à raison de 11/26es d'obus explosifs pour 15/26es d'obus à balles et pour 1.022 batteries à quatre pièces.

des cartouches de 75. Peu après, la demande des armées s'éleva à 100.000 cartouches par jour, auxquelles il fallait joindre quelques milliers d'obus pour nos alliés.

Les journaux de mobilisation avaient prévu seulement une fabrication journalière de 13.600 obus, dont moitié à peu près de shrapnells, à réaliser par les établissements de l'artillerie. C'était d'ailleurs environ deux fois plus que ce qui avait jamais été fait ou pouvait se faire en temps de paix, et il fallait au moins quelques semaines pour atteindre la production prévue. De plus, l'effet moral produit par la détonation des obus explosifs allemands avait jeté le discrédit sur l'obus à balles, souvent plus efficace, mais dont l'éclatement est moins effrayant. Ces derniers obus avaient été qualifiés de « poids mort » et l'on n'en poussa pas la fabrication.

Vers le milieu du mois d'août, les usines du Creusot, de Saint-Chamond et de Montbard, qui avaient déjà fabriqué des obus à balles quelques années avant la guerre, furent invitées à reprendre cette fabrication qu'elles entreprirent immédiatement, mais qui fut aussi ralentie au profit des obus explosifs.

En fait, dans le courant d'août 1914, on ne fabriqua que 147.000 obus de 75, soit, en moyenne, 6.000 par jour environ, la plus grande partie dans les ateliers de l'artillerie. Le 15 septembre, on ne fabriquait encore que 10.000 obus au plus par jour. A cette époque on pouvait espérer obtenir, vers le 1er janvier, 15.000 obus au maximum dans les ateliers de l'Etat, 6.000 à 8.000 dans les usines privées qui en fabriquaient déjà, et 3.000 dans d'autres usines du Centre qui préparaient l'outillage nécessaire. Cela pouvait faire 25.000 projectiles chaque jour, sans qu'il parût possible de dépasser cette production avant longtemps avec les moyens dont pourraient disposer les grandes usines auxquelles l'artillerie s'adressait habituellement.

C'est alors que M. Millerand pensa qu'il était indispensable de recourir à tous les industriels grands et petits, métallurgistes ou non, possédant quelques tours à métaux susceptibles d'un travail assez précis. Le 20 septembre 1914, trois jours après avoir reçu l'avis du grand quartier général, le Ministre réunit à Bordeaux les principaux représentants des industries métallurgique et mécanique pour organiser la production intensive des obus explosifs. Il décida que la fabrication serait répartie entre des groupes régionaux à la tête desquels il plaça un grand établissement de construction chargé de rechercher tous les industriels de sa région, de les organiser et de les initier au travail, nouveau pour eux, qu'on leur demandait. La Marine et les Compagnies de chemin de fer furent également appelées à participer à la fabrication des projectiles.

Mais il n'existait pas, en France, assez de marteaux pilons et de presses pour forger ou emboutir tous les obus bruts nécessaires pour alimenter les nombreux tours qu'on allait pouvoir affecter à l'usinage mécanique des projectiles. Les presses et les pompes qui doivent les actionner ne pouvaient être construites rapidement et ne se trouvaient pas dans le commerce. On dut modifier le procédé habituel de fabrication et admettre que les obus pourraient être obtenus par forage dans une barre d'acier ronde. Pour employer ce nouveau procédé, il fallut étudier un tracé spécial du projectile, présentant la même capacité et le même poids que l'obus réglementaire et qui fut pourvu d'une ogive vissée. On évitait ainsi d'avoir à former l'ogive en sertissant à chaud la partie supérieure du corps d'obus comme cela se pratiquait avec l'obus réglementaire. Pour distinguer les deux sortes de projectiles, l'obus réglementaire fut souvent dénommé monobloc par opposition à l'obus à ogive vissée dit bibloc.

Enfin, dans la réunion du 20 septembre, il fut convenu que les chefs de groupe, dont le nombre augmenta par la suite, ainsi que les représentants du Comité des forges de France et de la Chambre syndicale du matériel de guerre, s'assembleraient périodiquement, sous la présidence du Ministre, pour examiner les résultats obtenus, ceux que l'on espérait obtenir, et résoudre les difficultés qui se présenteraient.

Ces réunions eurent lieu d'abord tous les huit jours, puis tous les quinze jours et ensuite tous les mois, à Bordeaux ou à Paris. Plus tard, des réunions analogues furent instituées pour les représentants des diverses fabrications, et particulièrement des fabrications d'obus de gros calibres.

L'organisation de la fabrication nationale des projectiles était créée. Ce fut l'œuvre de M. Millerand, de sa volonté, de sa conviction qu'il fit passer dans l'esprit de tous ses auditeurs et dans tous les ateliers français.

Il n'y eut rien à changer au plan tracé dès cette époque; s'il ne donna pas immédiatement tous les résultats qu'on en attendait, c'est qu'il dut se développer au milieu de difficultés inouïes; c'est qu'il eut contre lui la force des choses. Personne ne pourrait prouver qu'une autre organisation aurait donné des résultats meilleurs ou même équivalents.

En peu de jours, un grand nombre d'industriels, petits et grands, bien décidés à contribuer de toutes leurs forces au salut du pays, s'inscrivirent pour fournir soit des obus, soit des gaines-relais, soit des éléments de fusées, suivant la nature de leur outillage. Les promesses de livraisons à brève échéance variaient de quelques dizaines d'obus à quelques centaines, ou même à quelques milliers par jour pour les grands ateliers.

Au commencement d'octobre, les premières listes d'inscription faisaient espérer 20.000 à 22.000 projectiles par jour dans la deuxième quinzaine de novembre; cette production devait s'élever à 49.000 dans les premiers jours de décembre, dont 20.000 devaient être fournis par le seul groupe parisien fortement constitué par les fabricants d'automobiles. D'autres listes suivirent rapidement qui permirent d'envisager une production de 80.000 projectiles dans le courant de janvier 1915. Ces nombres ne comprenaient pas la fabrication des ateliers de l'artillerie.

En dehors des nombreux ateliers mécaniques qui s'adaptèrent, en se développant au besoin, à la confection des obus et des gaines, il fut créé de toutes pièces des ateliers, dont quelques-uns par des industriels réfugiés du Nord. Ces industriels trouvaient assez facilement, parmi leurs anciens ouvriers et contremaîtres, également réfugiés, le noyau professionnel nécessaire à l'installation et à la bonne marche de leur entreprise.

Parmi les nouvelles usines qui furent fondées, il en est une qui mérite une mention spéciale à cause de son importance et parce qu'elle éclaire très vivement les difficultés que rencontrait alors l'organisation d'une nouvelle fabrication, pourtant relativement facile comme celle des obus explosifs de petit calibre.

En octobre 1914, une Société de constructions mécaniques ayant des ateliers à Paris avait accepté deux marchés, le premier de 60.000 obus, le second de 600.000 obus explosifs. Il était prévu un rendement journalier de 4.000 à 5.000 projectiles, pour lequel l'outillage de la Société devait être notablement augmenté. En novembre, l'un des administrateurs de cette Société, ingénieur très connu, passa avec l'administration de la guerre un nouveau marché pour la fourniture de 1.200.000 obus et autant de gaines et fusées. La production journalière devait s'élever à 8.000 ou 10.000 obus, sans préjudice de la précédente. A cet effet, une usine fut créée dans des bâtiments municipaux de Lyon. A Paris et à Lyon, les livraisons devaient déjà être importantes en février 1915 et atteindre leur maximum en avril au plus tard.

Grâce à l'activité et aux relations commerciales de la Société, les nombreuses machines nécessaires aux ateliers de Lyon et de Paris furent trouvées rapidement; elles étaient, pour la plupart, des modèles les plus récents. L'organisation, l'installation et la mise en marche progressive des usines furent admirablement conduites et dignes de servir d'exemple. Ainsi qu'il avait été prévu dès l'origine de l'affaire, on employa surtout du personnel féminin, particulièrement à Lyon.

Malheureusement, la Société n'avait, pour ses deux entreprises, qu'un personnel d'ingénieurs et d'ouvriers professionnels tout à fait insuffisant pour encadrer et dresser les ouvriers, pour monter et régler les machines. Aussi, à la fin de mars, sur l'ensemble des marchés, on constatait un retard de livraisons portant sur plus de 800.000 obus. Le rendement journalier des ateliers de Paris n'atteignait pas 1.500 obus; celui de l'usine de Lyon était encore nul et ne dépassait pas 250 obus dans la première quinzaine d'avril. A cette même époque, l'usine de Lyon n'avait livré aucune gaine-relais ni aucun élément de fusée.

Il y avait bien un nombre assez considérable d'obus fabriqués, mais ils ne satisfaisaient que de loin aux conditions de réception.

Dans tous les ateliers, anciens ou nouveaux, qui entreprenaient la nouvelle fabrication, il se produisit également des difficultés et des retards plus ou moins importants.

C'est que l'enthousiasme, la volonté et la plus grande intelligence des affaires ne suffisent pas toujours. L'industriel et l'ouvrier, quelle que soit leur expérience dans leur travail habituel, ne peuvent aborder sans quelques tâtonnements une fabrication inconnue d'eux et qui n'admet que des tolérances relativement faibles. Dans l'usinage des obus et des gaines, il faut parler de dixièmes de millimètre, et, dans certains éléments de la fusée, de centièmes de millimètre. En outre, beaucoup de fabricants n'avaient pas l'habitude de tremper l'acier, ni de travailler un métal relativement dur et souvent peu homogène par suite de l'obligation où l'on se trouvait de prendre à peu près tous les aciers disponibles.

Et pourtant, comme il fallait des obus à tout prix, il n'avait pas été possible de maintenir toutes les tolérances et épreuves de fabrication usitées en temps de paix, qui pouvaient effrayer les industriels et les décourager par des échecs trop nombreux au début. C'est ainsi, par exemple, que, sur la demande de plusieurs directeurs d'usines et non des moindres, on avait réduit de 1.400 à 400 kilogrammes par centimètre carré la pression de l'eau introduite à l'intérieur de l'obus fini pour en éprouver la solidité. Afin de vérifier le résultat de la trempe et du recuit, on avait, il est vrai, introduit une autre épreuve n'exigeant qu'un outillage plus simple et plus connu dans les ateliers. Cette vérification consistait à mesurer la pénétration dans le métal d'une bille très dure comprimée sur la surface de l'obus, mais elle ne pouvait donner des garanties sérieuses que dans une fabrication parfaitement réglée et ne mettait pas en évidence les félures dangereuses et la porosité du métal.

× ×

Le 10 novembre 1914, au moment où le général Baquet prenait la direction de la fabrication des projectiles, les nouveaux industriels livraient 2.000 obus par jour à eux tous, alors qu'on avait espéré en obtenir 7.000 au moins, d'après les prévisions du début; à la même époque, les trois grandes usines qui avaient la pratique de la fabrication étaient également en retard et en livraient moins de 4.000, l'artillerie 12.000. La production totale atteignait donc à peine 18.000 obus, soit 4 à 5 par jour et par canon, au moment où les armées faisaient de pressants appels.

Toutes les causes déjà indiquées avaient concouru à cette déception : manque partiel de métal, tâtonnements du début, outillage dont on avait surestimé le rendement ou qui n'avait pu être augmenté aussi vite qu'on l'avait espéré. Il était d'ailleurs fort difficile de remédier brusquement à cette situation, dont l'amélioration devait être attendue surtout des progrès de l'outillage et de l'expérience acquise par les ouvriers et les fabricants.

A la fin de décembre 1914, lorsque, d'après les prévisions initiales, les nouvelles fabrications auraient dû produire au moins 50.000 obus par jour, elles n'en réalisaient encore que 32.500, avec beaucoup d'indulgence dans le contrôle des dimensions et des poids; à ce moment, les grandes usines en fournissaient

7.500 et l'artillerie 16.000, soit, au total, 56.000 environ.

Ce chiffre était cependant rassurant. Quelques petits ateliers mal outillés paraissaient bien hors d'état de jamais rien fournir, mais la plupart des industriels avaient vaincu les premières difficultés et quelques-uns d'entre eux allaient bientôt réaliser toutes leurs promesses.

Dans l'impossibilité de les citer tous, il faut néanmoins signaler le groupe de l'industrie automobile de Paris, et particulièrement M. Louis Renault, chef de ce groupe, qui n'hésita pas à consacrer, dès le début, toute sa puissance industrielle à l'extension de ses ateliers, à l'achat et à la construction de machines. En même temps, cet éminent constructeur déployait, sans trêve, son extraordinaire activité et toutes les ressources de son esprit ingénieux pour étudier et réaliser les améliorations successives et les modifications à la fabrication et aux tracés que les événements imposèrent.

Pendant le mois de janvier 1915, la production journalière moyenne s'éleva à 63.000, dont 40.500 environ pour les nouvelles fabrications. La production totale du mois fut de 1.950.000 projectiles. En février, la production totale atteignit le chiffre de 2.120.000. L'accroissement était dû entièrement aux nouvelles fabrications.

Cinq mois après l'organisation de la fabrication nationale des obus de 75, décidée dans la séance du 20 septembre 1914, on avait fabriqué 6.800.000 obus, c'est-à-dire un million de plus que nous n'en possédions à la mobilisation. C'est un résultat qui doit être admiré, n'en déplaise aux personnes pressées qui, alors, ne se déclaraient pas satisfaites, et à celles qui croient volontiers des intermédiaires sans vergogne qui promettent des miracles sans savoir où et comment ils les feront.

× ×

Malheureusement, si le but paraissait atteint ou près de l'être, ce n'était qu'une apparence. Le problème était résolu, au moins pour les obus vides et en ce qui concerne l'usinage mécanique, mais la qualité des produits laissait beaucoup à désirer.

A partir du 20 décembre, époque à laquelle on commença à employer au front les nouvelles munitions, les armées signalèrent une proportion effrayante d'obus qui éclataient dans l'âme des canons, en mettant ceux-ci hors de service, en blessant ou tuant les servants.

Pendant quelques semaines, il se produisit un accident sur 3.000 coups tirés; or, avec les obus explosifs fabriqués en temps de paix ou depuis la mobilisation par les ateliers spécialisés dans cette fabrication, on n'avait signalé que six éclatements prématurés, soit un sur 500.000 coups environ.

La nouvelle fabrication était donc très suspecte; elle mettait en question l'existence même de notre artillerie de campagne, car notre industrie d'Etat et privée n'était pas en situation de pourvoir au remplacement des canons détruits, si la proportion des accidents se maintenait. Cette situation terrible confirmait, en les dépassant de beaucoup, les craintes que le nouveau directeur de l'artillerie avait exprimées au sujet de la sécurité offerte par une fabrication intensive qui ne pouvait être parfaitement contrôlée.

Il avait été difficile, en effet, de trouver un nombre suffisant de contrôleurs expérimentés et présentant toutes les garanties désirables pour vérifier la fabrication dans des centaines d'ateliers. Certains accidents étaient vraisemblablement dus à un chargement défectueux de l'explosif; mais, d'après les premières constatations, une proportion notable devait être attribuée au projectile lui-même.

Dans les obus à ogive vissée, il est à craindre que des ogives mal bloquées tournent par inertie quand le projectile commence sa rotation; ce mouvement peut alors déterminer l'inflammation de parcelles d'explosif qui se seraient introduites dans les filets de vis qui réunissent l'ogive au corps d'obus. La proportion des accidents diminua, en effet, pendant une période où les armées tirèrent surtout des obus monoblocs. En outre, certaines constatations ne permettaient pas de douter que la résistance des corps d'obus ne fût parfois insuffisante, surtout lorsqu'ils n'étaient pas forgés. Quelques projectiles semblaient avoir gonflé dans l'âme du canon; d'autres, peut-être trop secs, ou fêlés, s'étaient probablement brisés. Dans certains cas, le culot paraissait avoir été défoncé par les gaz de la charge de poudre par suite de la porosité du centre de la barre dans laquelle le corps d'obus avait été foré.

D'autre part, des accidents pouvaient avoir pour cause une épaisseur insuffisante de la gaine-relais. Ce défaut avait, en effet, été relevé sur beaucoup de gaines au début de leur fabrication. Enfin, le fonctionnement des fusées confectionnées dans les nouveaux ateliers pouvait être suspecté, plusieurs éléments de ces fusées ayant été très imparfaits pendant assez longtemps.

Des mesures, dont l'application n'alla pas sans quelques résistances, furent prises pour remédier à tous ces inconvénients. Le contrôle fut invité à se montrer plus strict; les ogives furent fixées par des tenons et les culots furent pourvus de plaques d'obturation. Mais il était absolument indispensable de modifier plus profondément la fabrication en revenant à l'obus monobloc, ainsi que le directeur de l'artillerie en avait déjà annoncé l'intention, sans avoir pu l'imposer, de crainte d'enrayer la production. Il n'était malheureusement pas possible d'exiger immédiatement de tous les industriels le forgeage ou l'emboutissage de l'obus, ces opérations nécessitant un outillage et des ateliers spéciaux dont la création ne pouvait être très rapide. On put seulement encourager de diverses façons la fondation de ces ateliers. Mais le sertissage de l'ogive ne demande qu'un outillage restreint, et il fut décidé qu'à partir du 1er mars on ne recevrait plus que des obus monoblocs (1). En outre, tous les obus devaient être soumis, à partir du 15 avril (1), à l'épreuve hydraulique sous la pression de 1.400 kilogrammes par centimètre carré; une prime fut allouée pour tous les projectiles ayant subi cette épreuve avant qu'elle soit exigible.

Evidemment, ces modifications devaient amener une réduction temporaire de la production, mais certaines prévisions pessimistes ne se réalisèrent pas grâce au zèle de la grande majorité des fabricants. Du reste, la moitié environ des projectiles étaient déjà du type monobloc. Pendant le mois de mars, qui fut la période transitoire, le rendement journalier des nouvelles fabrications fut de 35.500 et la production totale du mois s'éleva à 1.580.000 projectiles. Tout le monde fut d'ailleurs bientôt convaincu que l'usinage de l'obus monobloc était beaucoup plus rapide et moins coûteux que celui de l'obus à ogive vissée, et, à partir du mois de mai, la production reprit une marche rapidement ascendante.

(1) En réalité, il fallut faire fléchir un peu cette règle.

Au surplus, l'abaissement momentané du rendement de la fabrication des obus n'eut aucune influence sur le nombre des cartouches livrées aux armées, par suite de l'existence d'un stock de projectiles. Pendant cette période, en effet, la production des cartouches était limitée par la quantité d'explosif dont on disposait.

× ×

Dès son entrée en fonctions, le nouveau directeur de l'artillerie avait regretté l'arrêt presque complet de la fabrication des obus à balles et s'était promis de la reprendre dès que celle des obus explosifs serait assurée. Les armées, qui ne recevaient qu'une cartouche à obus à balles environ sur dix, ne tardèrent pas à en réclamer elles-mêmes en plus forte proportion. La confection du shrapnell réglementaire est, il est vrai, un peu plus délicate que celle de l'obus explosif, mais les inconvénients d'une fabrication médiocre sont beaucoup moins graves au point de vue de la conservation des bouches à feu.

Le 14 janvier 1915, un industriel parisien qui produisait 500 obus explosifs par jour, comme sous-traitant d'une grande Société métallurgique, sollicita une commande directe, lors du renouvellement prochain des marchés, en offrant de porter sa production à 1.000 projectiles. A ce moment, l'essor pris par la fabrication des obus explosifs rendait toute nouvelle commande inutile. En outre, l'administration évitait d'enlever des sous-traitants à des industriels qui eussent pu s'en prévaloir, à bon droit, pour expliquer les retards de leurs livraisons. Le directeur de l'artillerie déclina donc l'offre qui lui était faite. Toutefois, dans la conversation qu'il eut avec son visiteur, il fut frappé de sa profonde connaissance des fabrications et des affaires. Le directeur montra alors des dessins et spécimens d'obus à balles en faisant ressortir les difficultés de fabrication; il fut bientôt confirmé dans son opinion sur la valeur industrielle de son interlocuteur, auquel il demanda finalement d'entreprendre la fabrication du shrapnell de façon à obtenir un rendement journalier de 5.000 à 10.000 par jour dans un délai de trois à quatre mois.

Les ateliers dont disposait déjà l'industriel dont il s'agit, bien qu'importants, étaient tout à fait insuffisants. Il fallait bâtir une usine considérable.

Après une ou deux autres entrevues, l'industriel revenait, le 31 janvier, avec un projet complet de construction d'usine, des options pour l'acquisition de nombreuses machines-outils, et après s'être assuré le concours de constructeurs français pour l'établissement de l'outillage nécessaire au forgeage des corps d'obus.

Le 10 février 1915, malgré bien des objections venues de divers côtés, un marché fut conclu pour la fourniture d'un million d'obus à balles. Pour l'époque, le prix était très avantageux pour l'Etat, qui consentait d'ailleurs une avance de fonds importante, mais qui n'était qu'une fraction assez faible du capital à engager dans l'entreprise.

Par suite de certaines difficultés, l'usine ne put être établie sur le premier emplacement qui avait été envisagé, et les terrains où elle s'éleva ne purent être achetés que le 17 mars; à partir de ce moment, elle fut construite et installée avec une rapidité merveilleuse.

C'était l'usine A. Citroën, la première qui fut réellement créée en partant de rien.

Le 16 août, la fabrication atteignait 2.000 obus par jour, 5.000 le 20 septembre et 10.000 le 29 septembre 1915. Ce fut la plus belle usine spécialisée dans la fabrication des obus à balles ou explosifs de petits calibres; elle reçut de nombreuses commandes de nos alliés, et sa production s'éleva jusqu'à 51.000 obus par jour à la fin de 1917. A ce moment, elle avait déjà fabriqué 10.500.000 shrapnells, dont 4.800.000 environ pour la Russie, l'Italie et la Roumanie, et 1.500.000 obus explosifs français, auxquels il faut ajouter environ 150.000 obus éclairants et spéciaux (1). Cette usine ne s'est pas contentée de fabriquer ses obus, elle aida d'autres usines dans leur fabrication en leur cédant 3.600.000 corps d'obus bruts de forge. En dehors de l'outillage qu'elle construisit pour ses ateliers, elle fabriqua également des groupes de presses à emboutir les corps d'obus pour des usines françaises ou étrangères, et il n'est pas douteux que l'Etat ou des industriels importants aient pris chez elle des exemples pour leurs propres installations.

M. Citroën ne fut pas le seul à fabriquer des shrapnells. En même temps que lui, plusieurs industriels furent invités à entreprendre cette fabrication. Quelques-uns acceptèrent, dont MM. Louis Renault, Rateau et les établissements Panhard, et divers marchés furent passés en vue d'obtenir avant la fin de 1915 une production journalière totale de 20.000 projectiles de cette espèce.

× ×

En même temps que des obus, on avait naturellement commandé à l'industrie française des quantités au moins égales de gaines-relais et de fusées-détonateurs. Quelques commandes de ces objets avaient été également données à l'étranger dans les premiers mois

(1) Le 11 novembre 1918, jour de l'armistice, le nombre des obus sortis de l'usine Citroën dépassait 24 millions et la production journalière maxima s'était élevée à 53.600 projectiles en avril 1918.

de la guerre, mais les livraisons en furent difficiles et très tardives.

L'outillage des ateliers fabriquant certaines pièces de l'automobile et de la bicyclette convenait parfaitement à la confection des éléments dont l'assemblage forme la gaine. Toutefois, cette fabrication comporte des tolérances de dimensions et de poids qui, bien qu'assez larges, n'étaient pas habituelles à quelques-uns des ateliers dont il s'agit. La production s'éleva rapidement et fut bientôt supérieure à celle des obus; mais, jusqu'au mois de décembre, une partie importante des produits dut être rebutée. A partir de cette époque, la production utile s'accrut très vite, d'autant plus que le prix particulièrement avantageux consenti pour les premiers marchés incita des industriels à créer cette fabrication de toutes pièces. La même gaine-relais devait d'ailleurs être employée avec plusieurs projectiles autres que ceux de 75.

La fusée, dont plusieurs modèles furent mis successivement en commande, se compose d'éléments nombreux et souvent de très petites dimensions. Plusieurs d'entre eux doivent être établis avec une très grande exactitude, afin que leur fonctionnement soit assuré et ne produise pas d'accidents.

Au début, cette fabrication parut difficile même aux fabricants d'horlogerie du Jura et de la Suisse qui avaient reçu des commandes directes ou auxquels s'étaient adressés de nombreux industriels d'autres régions, titulaires de marchés. Le rendement utile fut d'abord très faible, et cependant une proportion notable d'accidents doit être attribuée aux fusées de première fabrication (1). Jusqu'au mois de janvier 1915,

(1) Heureusement, les éclatements prématurés dus à la fusée se produisent souvent hors de l'âme du canon, à quelque distance de la bouche.

on ne put guère compter que sur les fusées fabriquées dans les ateliers du Creusot, de Saint-Chamond et de l'artillerie, surtout sur celles de l'école de pyrotechnie de Bourges, qui multiplia prodigieusement sa production de fusées, comme toutes les autres, sous la direction énergique et éclairée du lieutenant-colonel Barbaud, mort à la peine en janvier 1915. Au début, les trois usines qui viennent d'être citées étaient les seules capables de procéder au chargement des fusées, opération qui demande beaucoup de soins et qui exigea alors la production si dangereuse de quantités tout à fait inusitées de fulminate de mercure.

× ×

Qu'il s'agisse d'obus vides, de gaines ou de fusées, jusqu'au mois de mai et bien au delà encore, la fabrication intensive n'atteignit jamais la presque perfection réalisée en temps de paix et indispensable à la sécurité du tir. Comme on l'a vu, cette perfection est impossible à obtenir d'emblée dans des fabrications improvisées avec une hâte extrême. En outre, pour s'en rapprocher le plus tôt possible, il aurait fallu disposer immédiatement d'un nombreux personnel de contrôleurs compétents et consciencieux, capables de faire toutes les vérifications nécessaires sur tous les éléments à plusieurs états d'avancement. En temps de paix, le contrôle du service des forges dans les usines privées, pour la réception d'éléments dont la plupart n'étaient qu'ébauchés, employait un personnel déjà important d'officiers, de contrôleurs et d'aides-contrôleurs, qui étaient des ouvriers professionnels. Pour exercer un contrôle équivalent dans près de 700 ateliers, grands et petits, qui existaient déjà à la fin de 1914, il eût fallu plusieurs milliers d'agents; il était évidemment difficile de les trouver, alors que tous les ouvriers professionnels de l'intérieur ou rappelés du front ne suffisaient pas à la confection des machines et des outils destinés aux nouvelles fabrications. Pendant plusieurs mois, on ne put recruter qu'un effectif très insuffisant d'agents de contrôle paraissant présenter, à défaut de la compétence voulue, au moins l'aptitude à l'acquérir, et la conscience indispensable dans un pareil service. Les quelques dizaines d'officiers ou ingénieurs mobilisés (1), chargés de diriger le contrôle, avaient fort à faire de se transporter chaque jour, pour guider le nouveau personnel, dans plusieurs ateliers souvent éloignés les uns des autres. En même temps, ces officiers devaient donner des indications aux industriels, examiner les cas douteux si nombreux et parfois si troublants par les conséquences qu'ils pouvaient avoir, signaler ceux qu'ils ne pouvaient trancher eux-mêmes. Enfin, pendant longtemps, il ne fut pas possible de pourvoir tous les ateliers et les agents du contrôle des quantités considérables d'instruments vérificateurs qui auraient été nécessaires, mais dont la construction exige des professionnels très habiles.

L'impérieuse obligation d'avoir des obus à tout prix, l'impossibilité d'assurer un contrôle effectif, les sollicitations des directeurs d'usines qu'il ne fallait pas décourager, obligèrent souvent le directeur de l'artillerie, seul autorisé et responsable en cette matière, à faire, non sans angoisses, de fréquentes concessions.

(1) A cette époque, un grand nombre d'ingénieurs, pour la plupart officiers d'artillerie, avaient déjà été rappelés dans leurs usines ou comme agents de l'Etat. Mais il était impossible de priver l'artillerie du front de tous les cadres de cette catégorie, comme on a pu le faire plus tard, dans une plus grande mesure, lorsqu'ils purent être remplacés par les jeunes officiers ou les aspirants dressés dans les écoles ou les cours qui venaient d'être institués à cet effet.

Il dut augmenter temporairement et quelquefois définitivement les tolérances de poids et de dimensions, admettre des lots de projectiles qui, bien que ne paraissant pas absolument dangereux, étaient loin de présenter des garanties certaines. L'épreuve de tir ellemême, exécutée sur une très petite proportion de projectiles, ne pouvait donner des indications bien rassurantes sur la valeur réelle des lots qui, souvent, étaient formés d'éléments provenant d'ateliers différents et fabriqués avec des métaux non identiques.

× ×

Il ne suffit pas de fabriquer des obus, il faut les charger. Or, les neuf dixièmes des obus de 75 et la presque totalité des projectiles des autres calibres fabriqués pendant les dix premiers mois devaient être remplis d'explosif détonant.

Avant la guerre, les explosifs réglementaires employés au chargement des projectiles étaient désignés sous le nom générique de mélinite. C'étaient la mélinite proprement dite ou trinitrophénol et la crésylite ou trinitrocrésol.

En raison de la difficulté d'obtenir un chargement compact avec la mélinite et la crésylite pures, on employait souvent, surtout pour les gros obus, un mélange de mélinite et de crésylite dénommé crésylite 60/40, qui présentait des facilités particulières de chargement et une grande sécurité au tir. On avait également commencé à employer la tolite ou trinitrotoluène. Ces explosifs étaient les seuls pour lesquels les procédés de chargement et d'amorçage avaient été arrêtés après de longs essais, et qui fournissaient une sécurité à peu près absolue contre les éclatements prématurés lorsqu'ils étaient bien chargés. Mais ces explosifs provenaient surtout d'Allemagne; en France, leur fabrication était à l'état embryonnaire et fournissait à peine 4 tonnes par jour. A la mobilisation, il existait un stock de 2.400 tonnes, dont 400 environ de tolite, qui avait paru suffisant pour le chargement du petit nombre de projectiles qu'on se proposait de fabriquer pendant les hostilités. Or, le chargement de 80.000 obus de 75 seulement devait exiger à lui seul une consommation journalière de 65 tonnes d'explosif.

Les recherches les plus actives et les offres faites par des intermédiaires, à des prix très élevés, n'aboutirent qu'à constater l'impossibilité de trouver à l'étranger des quantités importantes de mélinite ou de tolite. Il était nécessaire de monter en France la fabrication de ces explosifs.

Ce n'est pas ici le lieu de dire quel tour de force, le plus grand probablement qui ait été réalisé pendant la guerre, fut l'organisation de cette fabrication par la direction des poudres, puissamment aidée par nos savants et nos industriels. Il suffira de dire que pour certaines substances, le phénol par exemple, il fallait envisager une production journalière comparable à notre production annuelle d'avant la guerre; que notre industrie chimique, au moins en ce qui concerne les produits organiques, était fort peu développée; que la distillation des goudrons qui fournit les matières premières indispensables était peu pratiquée chez nous; qu'il fallut transformer des procédés de laboratoires en procédés industriels exigeant un outillage considérable et très spécial, à peine connu ou inventé pour la circonstance; qu'il fallut enfin construire de nombreuses usines de toutes pièces.

Mais cette organisation industrielle comme toute autre devait demander des mois avant de donner des résultats suffisants (1), malgré certaines facilités trouvées dans l'utilisation d'usines de produits chimiques allemandes existant en France et mises sous séquestre. Aussi notre stock baissait rapidement et, en janvier 1915, il était réduit à moins de 700 tonnes. A cette même époque, la fabrication journalière des mélinites était de 16 tonnes environ; au milieu de mars, elle atteignait à peine 30 tonnes, alors que les besoins s'élevaient déjà à 100 tonnes d'explosifs et que l'on prévoyait dans un avenir très prochain l'emploi journalier de 170 tonnes.

La direction de l'artillerie, ne pouvant obtenir les explosifs qu'elle demandait et qu'elle connaissait, fut contrainte d'employer ceux qu'on pouvait lui fournir et qui avaient été écartés en temps de paix comme médiocres ou dangereux. Dès octobre, elle dut recourir à la schneiderite, explosif à base de nitrate d'ammoniaque déjà employé par les usines du Creusot pour le chargement des obus qu'elles fournissaient à l'étranger. Le nitrate d'ammoniaque entrait également dans la composition de certains explosifs de mines. C'est un explosif très sûr, mais d'une puissance inférieure aux mélinites et à la tolite. Sa détonation produit des gaz incolores qui rendent difficile l'observation du tir. Pour remédier dans une certaine mesure à ces inconvénients, on mélangea la schneiderite avec de la tolite; mais cette dernière matière venant à manquer complètement, il fallut bientôt charger une grande partie des obus de petit calibre avec la schneiderite pure. La fabrication du nitrate d'ammoniaque devint elle-même

---

(1) Cette organisation et les délais qu'elle exigea trouvèrent cependant grâce dans les milieux parlementaires, probablement parce que ce n'étaient pas de simples officiers d'artillerie que l'on pouvait en rendre responsables.

insuffisante soit faute d'ammoniaque, soit faute d'acide nitrique, malgré les tentatives faites pour réserver à nous et à nos alliés la production des nitrates de Norvège. Il fallut étudier l'emploi d'autres explosifs ou mélanges d'explosifs que l'on ne pouvait obtenir qu'en petites quantités, mais susceptibles de constituer des appoints non négligeables. L'artillerie fut même réduite à envisager l'utilisation, pour le chargement des obus, des cheddites à base de perchlorate d'ammoniaque, quoique ces explosifs aient été reconnus autrefois comme présentant des dangers sérieux au tir.

Les expériences qu'il fallait bien faire avant d'employer une nouvelle matière explosive devaient être poussées très rapidement. Elles ne pouvaient comporter que le tir de quelques centaines de coups, ce qui était tout à fait insuffisant pour donner une garantie non pas absolue, mais même relative.

C'est ainsi que les premiers lots d'une cheddite spéciale, préconisée par un homme politique qui est en même temps un savant distingué, donnèrent d'abord des résultats satisfaisants. Les expériences faites avec des projectiles dont le chargement avait été surveillé de très près avaient été relativement prolongées. Plusieurs milliers d'obus furent chargés avec cet explosif, mais leur envoi au front fut ajourné en raison de la méfiance qu'éprouvait encore le directeur de l'artillerie. Les lots suivants du même explosif donnèrent lieu à des accidents qui se produisirent également en recommençant les essais avec les projectiles précédemment chargés avec les premiers lots. L'artillerie dut alors renoncer à l'emploi de la cheddite qui lui était proposée, et cette décision n'alla pas sans quelques protestations de la part des inventeurs qui prétendaient que les obus avaient été mal chargés. C'était possible, mais il faut tenir compte de la probabilité des chargements médiocres en écartant les explosifs trop sensibles aux frottements et aux chocs (1).

La direction de l'artillerie eut plusieurs fois à se poser la terrible question : Quel sera le chargement de nos projectiles la semaine prochaine? Et, faute d'explosifs présentant une sécurité suffisante, il arriva parfois que la question ne put être résolue que par la négative (2).

Les quantités de cartouches de 75 livrées aux armées étaient alors notablement inférieures aux quantités d'obus vides fournies par la fabrication du moment. C'est ainsi qu'en janvier 1915 les armées ne reçurent que 1.310.000 cartouches dont près de un cinquième étaient pourvues d'obus en fonte ordinaire ou d'obus à balles, projectiles qui ne contiennent que peu ou pas d'explosif. En février, alors que la production des obus était de 70.000 par jour, on n'en put encartoucher que 38.500 en moyenne, parmi lesquels il y avait également des obus à balles et des obus en fonte.

C'est seulement en avril que le versement moyen journalier aux entrepôts put atteindre 67.000 cartouches.

Le chargement des obus et leur encartouchage nécessitèrent une énorme extension des ateliers chargés de ces opérations. Or, le chargement des obus exige de grandes précautions, afin que la masse d'explosif possède une compacité suffisante pour éviter, au départ du coup, des tassements ou des ruptures suscep-

---

(1) La cheddite a trouvé, dès le début de 1915, un débouché considérable dans le chargement des grenades, des bombes de l'artillerie de tranchée et des pétards de mines employés aux armées.

(2) Le 20 février 1915, il y avait 1.300.000 obus de 75 à charger et ce nombre augmentait de 25.000 par jour faute d'explosifs. A ce moment, le chargement des obus de gros et de moyen calibre réclamait à lui seul environ 40 tonnes d'explosif par jour.

tibles de déterminer l'explosion totale ou partielle. Mais s'il est facile d'ordonner la création d'ateliers pouvant charger 20 à 30.000 obus par jour, comme à Clermont-Ferrand par exemple, il est plus difficile de recruter rapidement des milliers d'ouvriers et ouvrières capables de prendre immédiatement les précautions nécessaires. Les chargements furent donc longtemps suspects et on doit leur attribuer un certain nombre d'accidents.

× ×

Ainsi tous les produits de fabrications intensives et fiévreusement organisées : obus vides, gaines, fusées, impossibles à contrôler sérieusement, provenant de matières premières souvent imparfaites, venaient se réunir pour former des projectiles chargés, avec des explosifs mal connus, par un personnel inexpérimenté auquel il fallait cependant demander d'aller vite à cause de son insuffisance numérique au début. Ceux qui n'ont pas été dans l'obligation de prendre des décisions au sujet de la mise en service de pareilles munitions ne peuvent s'imaginer la dure épreuve morale que cette obligation constitue lorsqu'on ne peut se faire d'illusions sur les risques courus et qu'il faut, malgré tout, livrer des munitions aux combattants.

C'est sans doute pourquoi il paraissait facile, à quelques personnes douées d'une compétence générale, de supprimer tout accident : « Un technicien comme vous doit connaître *la cause* et la supprimer » disait un jour, d'un ton à la fois sévère et ironique, un membre de la commission sénatoriale de l'armée au directeur de l'artillerie. La *cause* c'était l'ensemble des imperfections de la fabrication de guerre telle qu'elle s'était imposée; elle comprenait autant de causes secondaires qu'il y avait d'éléments dans la munition; parfois plusieurs causes possibles dans chaque élément. Pour supprimer la cause, il aurait fallu arrêter les fabrications. Pour déterminer, ainsi qu'on le demandait, la part relative de chacune des causes, il aurait fallu avoir le temps de faire des essais dont chacun eût exigé le tir de nombreux milliers d'obus ayant une seule défectuosité bien déterminée, avec tous ses autres éléments parfaits, s'il y en avait. Et cette détermination n'eût avancé à rien car la fabrication ne s'en serait pas trouvée brusquement améliorée, puisque l'expérience nécessaire n'en serait pas venue instantanément aux industriels, aux ouvriers, aux agents du contrôle.

La cause ne fut donc supprimée, dans la mesure où elle pouvait l'être, que vers la fin de 1916, lorsque, par suite de l'amélioration progressive des fabrications, on produisit enfin des munitions se rapprochant par leurs qualités des munitions confectionnées en temps de paix.

Mais, pour en arriver là, il fallut quelque fermeté, surtout au début, pour rétablir et faire respecter des conditions de réception efficaces dès que cela fut possible; pour imposer des modifications aux tracés des obus et aux conditions primitives des marchés; pour concilier les droits des industriels fournisseurs directs et ceux de leurs sous-traitants; pour refuser ou supprimer des commandes à des postulants incapables de les exécuter; pour en imposer à d'autres; pour reviser les prix; en un mot, pour faire céder quelques intérêts particuliers devant l'intérêt national en prenant appui sur tous ceux, très nombreux, qui comprenaient les nécessités de l'heure et voulaient bien admettre que l'administration n'a pas toujours tort.

Ce fut en 1914 et dans les premiers mois de 1915 une lutte de chaque jour qui n'alla pas sans soulever bien des mécontentements. Mais si cette lutte n'avait pas été soutenue avec conviction, la qualité de nos munitions serait restée indéfiniment médiocre, et la crise du canon de campagne, au lieu d'être seulement inquiétante, aurait pu se transformer en catastrophe.

× ×

Bien qu'elles intéressent tous les canons et armes portatives, on notera ici la question de la poudre et celle du cuivre qui s'ajoutèrent à toutes celles que l'administration de la guerre et l'industrie nationale eurent à résoudre.

En 1913, nos poudreries bien qu'assez nombreuses ne fabriquaient journellement que 17 tonnes et demie de poudre sans fumée et le stock à la mobilisation était de 1.800 tonnes seulement (1). Dès le mois de novembre, trente tonnes étaient déjà nécessaires chaque jour, pour les fusils et les canons. En janvier, il en fallait 50 tonnes et il en aurait fallu 70 tonnes si les prévisions concernant la fabrication des obus s'étaient réalisées.

Les poudreries fournirent un effort remarquable; leur production, qui s'éleva à 47 tonnes par jour dès septembre, fut suffisante dans les premiers mois; mais la fabrication fut enrayée par le défaut d'outillage et

---

(1) Une seule poudrerie, celle du Bouchet, relevait de la direction de l'artillerie; toutes les autres dépendaient de la direction des poudres, qui fut rattachée, comme l'artillerie, au sous-secrétariat d'Etat. Mais, auparavant, les deux directions étaient déjà en rapports journaliers très étroits.

d'ateliers, qui étaient seulement en voie de création, et par le manque de nitrates et d'acides sulfurique et nitrique concentrés que notre industrie chimique ne put fournir en quantités suffisantes avant le deuxième semestre de 1915. La production devint inférieure aux besoins et il fallut parfois, notamment en mars et avril, réduire la production de la poudre à fusil au profit de celle de la poudre destinée aux canons. On songea à repêcher des poudres noyées dans la rade de Toulon et que l'on eût radoubées; mais, après quelques tentatives, on dut reculer devant les difficultés de cette opération. Le stock s'épuisant (1), et malgré le secours apporté par l'arrivée des premières livraisons de poudres américaines, la confection des cartouches de 75 aurait été limitée par la pénurie de poudre si elle ne l'avait été déjà par le manque d'explosifs.

Le cuivre est, comme l'acier, un métal indispensable à l'artillerie, soit qu'il serve à l'état pur à la fabrication des ceintures de projectiles, soit qu'il entre dans la composition des laitons employés à la confection des balles de fusil, des étuis de cartouches d'armes portatives, des douilles pour canons à tir rapide et des fusées. Pour ces usages, le cuivre doit être aussi pur que possible. Les quantités mises en œuvre chaque jour s'élevaient déjà à 100 tonnes en décembre 1914 et à 200 tonnes en mai 1915.

L'artillerie et notre industrie du cuivre avaient quelques stocks qui suffirent pendant les premiers mois; on trouva ensuite à acheter en Amérique tout le métal nécessaire, mais il parvenait assez difficilement en

(1) Dans la deuxième quinzaine de février 1915, la différence journalière entre la consommation et la production d'une seule espèce de poudre, d'ailleurs la plus employée, s'élevait à 28 tonnes.

France. D'autre part, l'outillage de notre industrie du cuivre était insuffisant; plusieurs de nos usines de laminage et d'étirage de cuivre et de laiton, parmi les plus importantes, étaient dans la zone envahie. Dès le début, des ateliers trop rapprochés du front furent ramenés à l'intérieur et restèrent improductifs pendant quelque temps. La plupart des ateliers dont on disposait encore durent être augmentés; d'autres furent créés dans des régions à l'abri de l'invasion. Pour faciliter ces créations ou accroissements, l'administration de la guerre consentit des majorations de prix sur les premières livraisons. Mais ces ateliers nouveaux, nécessitant un outillage spécial, furent assez longs à s'établir. Toutefois, les irrégularités qui se produisirent quelquefois dans la fourniture des ceintures aux fabricants d'obus ne furent pas une cause sensible de retards dans les livraisons de projectiles.

La production des douilles ne s'éleva pas rapidement. Jusqu'en mai 1915, les usines fournissaient difficilement les douilles nécessaires aux canons de 105 et de 155 C. à tir rapide, avec seulement 12.000 douilles de 75 par jour. La marine en fournissait 4.000 à 5.000. Des commandes faites en Amérique n'étaient pas livrées aux dates fixées. Cependant, malgré d'assez grandes inquiétudes, on ne manqua pas de douilles de 75 pour les obus que l'on pouvait charger, grâce à un certain stock et à la réfection des douilles qui furent renvoyées du front, en quantités suffisantes malgré le peu de soin apporté trop souvent à les recueillir.

× ×

Obus de tous calibres autres que le 75.

A partir de septembre 1914, des bouches à feu de différents calibres : canons de 95, de 120 L., de 155 L., de 155 C., mortiers de 220, avaient été envoyés sur le front pour renforcer notre insuffisante artillerie lourde. On avait envoyé également aux armées des canons de 90, bouches à feu excellentes, mais à tir lent, qui armaient nos batteries de campagne avant l'adoption du canon de 75. D'ailleurs, le canon de 90 armait encore les batteries d'une partie des divisions territoriales.

Pour toutes ces bouches à feu, il existait un approvisionnement important de munitions, mais dont une partie seulement, la plus petite, était constituée en obus explosifs en acier à grande capacité. L'autre partie était formée soit d'anciens projectiles en fonte ordinaire, contenant peu d'explosif, qui avaient paru suffisants pour la défense des places, soit d'anciens obus à balles dits à mitraille (1).

Dans les trois premiers mois de la guerre, on n'avait fabriqué qu'un millier à peine d'obus en acier par jour, partagé entre les calibres de 105, 120 et 155. Cette fabrication n'avait pu se développer parallèlement à celle, plus urgente, des obus de 75; dans le courant de décembre, elle ne fournissait pas encore 2.000 obus de tous calibres.

La pénurie de munitions de 75, et la nécessité de

(1) Pour l'ensemble des calibres de 90 et de 95, il existait 1.700.000 projectiles, dont seulement 75.000 explosifs en acier.

Pour les calibres de 120, 155, 220 et 270, il y avait 2.640.000 projectiles, dont 320.000 explosifs en acier à grande capacité.

Une partie des crédits votés trop peu de temps avant la guerre avaient pour objet d'augmenter notablement le nombre des obus explosifs en acier.

montrer aux troupes que nous pouvions répondre à l'artillerie lourde allemande par des projectiles de calibres analogues, donnèrent lieu à une consommation qui menaçait d'épuiser l'approvisionnement en peu de mois. Dans ces conditions, à la fin de décembre, alors que la fabrication des obus de 75 ne fournissait pas encore les résultats espérés, il devint indispensable de commencer une grosse fabrication de projectiles pour tous les calibres représentés sur le front. En outre, il fallait pourvoir de munitions les mortiers de gros calibres : 280, 293 et 370 qui étaient en construction. Mais, pour fabriquer des obus contenant une forte charge d'explosif, il était impossible de recourir aux procédés de fortune qui avaient pu être admis pour le 75. Il fallait se garder contre les éclatements prématurés qui auraient donné lieu à des accidents très graves dont la fréquence aurait pu ébranler la confiance des troupes.

Les obus de gros et de moyens calibres en acier devaient donc être fabriqués, comme en temps de paix, en forgeant ou emboutissant l'obus avec un métal possédant les qualités désirables, acier français autant que possible, et dans des usines sachant traiter ce métal.

En dehors des établissements de l'artillerie déjà pourvus de commandes et qui allaient pousser leur production au maximum, nos grandes usines métallurgiques, à peu près seules, pouvaient recevoir des commandes qu'elles exécuteraient complètement elles-mêmes ou dont elles seraient absolument responsables.

A la fin de décembre 1914, les directeurs de ces usines furent réunis et sollicités, de la façon la plus pressante, de faire un nouvel et considérable effort, aussi bien pour la production du métal que pour l'usinage mécanique des gros obus. La nouvelle fabrication devait être entreprise de façon à commencer les livraisons dans un délai de trois mois, sans ralentir la production des obus de 75 et des nombreux éléments de matériels lourds ou de campagne qui étaient déjà en commande. Ces conditions étaient difficiles à remplir, comme le firent remarquer les intéressés dont l'outillage était déjà surchargé, malgré l'activité qu'ils mettaient à le développer. Il fallait, en outre, trouver du personnel. Il y eut donc des hésitations bien naturelles, et la direction de l'artillerie, sachant tout ce qu'on pouvait obtenir du patriotisme des industriels, dut leur demander des engagements supérieurs à ceux qu'ils croyaient être certains de réaliser, mais qui étaient encore inférieurs aux besoins.

Cette première commande comprenait 660.000 obus de 90, 95 et de 105 surtout; 340.000 obus de 120 et 155; 50.500 obus des calibres de 220 à 370; soit plus d'un million de projectiles dont les prix s'élevaient de 28 à 1.200 francs, suivant le calibre. Le montant total était de 80 millions de francs environ. Ce chiffre paraît modeste à côté de ceux qui ont été énoncés depuis, mais c'était cependant, pour l'époque, une commande énorme. En poids d'acier, elle était quatre à cinq fois plus forte que le total des plus fortes commandes d'obus qui avaient été données à l'industrie privée en temps de paix pour être exécutées en un an; elle était hors de toute proportion avec l'outillage dont disposaient alors les usines entre lesquelles elle fut répartie. Ces usines étaient pourtant : Le Creusot, Saint-Chamond, Saint-Jacques (de Montluçon), Firminy, ateliers de Saint-Etienne, Marrel, Arbel, Claudinon, Brunon et Valette, Montbard, chantiers de la Loire, Pamiers, Compagnie des métaux, Société des Batignolles, Leflaive, Bouthion et Dutreuil, qui se proposaient encore de rechercher le concours d'autres industriels, surtout pour le travail de tour.

Malheureusement, la plus forte pression de la part de l'administration et l'activité la plus fiévreuse ne peuvent aller contre la force des choses et réduire à volonté le temps nécessaire à monter une fabrication qui exigeait encore la création d'ateliers et de machines. Il fallait donc prévoir des retards semblables à ceux qui s'étaient produits pour les obus de 75. Au surplus, si les livraisons étaient faites aux dates promises, elles seraient inférieures aux besoins des armées, qui opéraient chaque jour des prélèvements importants et inquiétants sur les munitions destinées, le cas échéant, à la défense des places fortes et même de Paris. On a déjà vu qu'il n'était pas prudent de donner des commandes d'obus, pour les gros calibres surtout, à l'étranger, où presque aucune fabrication de cette sorte n'était encore montée. Une commande de 150.000 obus de 90 en acier, donnée en Angleterre au mois de novembre, n'était même pas en cours d'exécution et le titulaire du marché cherchait encore l'usine susceptible de l'exécuter (1). On pouvait recourir, et l'on recourut jusqu'en janvier 1915, à des commandes d'obus en fonte ordinaire pour les calibres de 90 à 220. Mais ce ne pouvait être qu'un pis aller, bon tout au plus à créer l'apparence d'un plus grand nombre de coups de canon disponibles, sans utilisation réelle de la puissance des calibres (2).

(1) Ce marché fut résilié ultérieurement sur la demande du titulaire.

(2) Il est utile de remarquer que les Allemands se trouvaient alors dans des conditions analogues et nous envoyèrent souvent, dans le cours de 1915 et de 1916, des projectiles de valeur très médiocre.

En effet, les obus en fonte ordinaire contenaient le quart environ, le tiers au plus, de la quantité d'explosif contenue dans les obus en acier à grande capacité. En raison de leur faible charge, ces projectiles en fonte donnaient peu de fumée et remuaient peu de terre, de sorte que, non seulement ils étaient peu efficaces, mais la visibilité de leur éclatement était très faible aux grandes distances de tir usitées. Aussi les armées se plaignaient-elles des difficultés que présentait le réglage du tir de ces obus.

Pour diminuer ces inconvénients, le général Sainte-Claire Deville avait étudié, depuis octobre 1914, des obus en *fonte aciérée* qui pouvaient avoir des épaisseurs moindres que les obus en fonte ordinaire et dont la capacité était la moitié environ de celle des obus en acier. De plus, ces nouveaux projectiles, dits F. A., avaient une portée sensiblement supérieure à celle des obus réglementaires, grâce à leur profil extérieur analogue à celui de la balle du fusil D, inventée par le général Desaleux. Ce dernier officier général contribua d'ailleurs à la détermination du profil des nouveaux obus. Malheureusement, la plupart de nos fonderies de fonte ignoraient la fabrication de la fonte aciérée (1).

---

(1) Vers 1902, le général Herment avait déjà préconisé la fonte aciérée pour la fabrication des obus et avait essayé cette fabrication à l'atelier de Douai, dont il était alors colonel directeur. Dans les premiers jours d'octobre 1914, le général Sainte-Claire Deville, alors conseiller technique de la direction d'artillerie, avait fait convoquer à Bordeaux le général Herment pour fournir des renseignements sur les officiers et ouvriers qu'on pourrait faire venir pour remettre cette fabrication en train. Le général Herment désigna le capitaine Prache, qui fut rappelé du front et envoyé à Douai pour y rechercher le personnel qui avait travaillé sous ses ordres, mais il ne put y parvenir, Douai venant d'être occupé par l'ennemi. Le capitaine Prache fut adjoint au général Sainte-Claire Deville et rendit les plus grands services pour l'étude des projectiles en fonte aciérée de tous calibres.

En janvier 1915, de nombreux directeurs de nos fonderies, grandes et petites, furent réunis par la direction de l'artillerie, qui leur apprit ce qu'elle attendait d'eux. Ce n'était rien moins qu'une véritable révolution dans leurs habitudes et dans les procédés qu'ils employaient. Plusieurs de ces industriels furent quelque peu effrayés, surtout après les résultats des premiers essais de fabrication qui ne furent pas tous satisfaisants. Les résistances cédèrent facilement devant l'intention annoncée de ne plus donner de commandes de projectiles en fonte ordinaire, et surtout devant la puissance de persuasion de M. R. Pinot, secrétaire général du Comité des forges de France, qui s'employa de la façon la plus heureuse dans cette circonstance comme dans beaucoup d'autres. Cependant, dans certaines fonderies, les difficultés n'auraient pas été surmontées aussi vite qu'elles le furent, sans les conseils désintéressés de plusieurs métallurgistes expérimentés. Parmi eux, il faut citer M. Dumuis, le directeur des aciéries de Firminy, qui envoya des ingénieurs ou alla lui-même dans quelques fonderies pour les initier à la production régulière de la fonte aciérée.

Au commencement de mars 1915, la fabrication nationale des obus F. A. était créée. Bientôt, presque toutes nos fonderies de fonte furent en mesure d'y participer. On pouvait utiliser ainsi toute une nouvelle catégorie d'usines à la fabrication intensive de projectiles d'une efficacité comparable à celle des obus explosifs allemands en acier. Les commandes déjà réparties à la fin de février s'élevaient à 750.000 obus au moins, partagés entre tous les calibres de 90 à 220 inclus. Sans cette nouvelle source de production, il aurait probablement été impossible de fournir, par la suite, les quantités toujours croissantes de munitions de tous calibres que réclamèrent les armées.

Toutefois, pour les obus de gros calibres, comme pour ceux de 75, comme pour toute fabrication qui commence, le temps était un facteur avec lequel il fallait compter. Les premières livraisons d'obus en acier ou en fonte aciérée furent en retard dans beaucoup d'usines. Le 1er juin 1915 la production totale des obus de calibres supérieurs au 75 atteignait à peine le chiffre journalier de 8.000, dont 1.200 de 105, 800 de 120 et 1.800 de 155. Le 1er août 1915, on n'obtenait encore que 15.000 obus de tous calibres dont 4.400 de 105, 2.200 de 120, 3.100 de 155 et 165 des calibres supérieurs (1).

Mais la machine était lancée et sa vitesse s'accrut de façon continue avec la construction des usines et la croyance à la durée de la guerre. Au mois de janvier 1916, elle produisait journellement plus de 30.000 projectiles, dont 2.500 de 105, 6.500 de 120, 8.800 de 155 et 900 des calibres supérieurs, pour atteindre en janvier 1917 le chiffre énorme de 80.000 obus de tous calibres autres que le 75, dont près de la moitié en fonte aciérée. A ce moment, pour les calibres de 80 à 120 inclus, le nombre des obus en acier dépassait celui des obus F. A.; mais le contraire se produisait pour les obus de 155 et au-dessus jusqu'au 370 et au 400. Il faut remarquer de nouveau que les quantités d'acier dont on disposa pendant toute la guerre suffirent à peine aux usines qui employaient ce métal. On peut donc affirmer que la création de la fabrication des obus en fonte aciérée, réalisée dans les premiers

(1) A ces chiffres, et aux deux époques, il faut joindre quelques milliers d'obus en fonte ordinaire.

mois de 1915, doubla la productivité en munitions de l'usine de guerre française.

Enfin, il faut au moins citer les bombes à ailettes des canons de tranchée du général Dumézil, qui, au mois de janvier 1915, commencèrent à réclamer des moyens de production. Heureusement, ces projectiles spéciaux, fabriqués surtout dans des ateliers de chaudronnerie, ne concurrencèrent pas sérieusement les projectiles d'artillerie lourde et de campagne, sauf pour les matières premières et pour le personnel qui auraient pu être employés, au moins en partie, à d'autres fabrications.

IV.

Canons de 75.

Au début de la guerre, nous possédions 4.780 voitures-canons de 75, dont 3.792 dans les divisions et corps d'armée, 250 dans les parcs des armées et le reste dans les places, les dépôts et les colonies.

Ainsi qu'on l'a vu, aucune mesure n'avait été prise pour fabriquer des canons de 75 neufs pendant une guerre dont la durée paraissait devoir être inférieure à celle de la fabrication d'une bouche à feu compliquée, on devait seulement réparer les canons usés ou dégradés. A cet effet, dès les premiers mois de la mobilisation, on mit en commande dans l'industrie privée et à la marine (fonderie de Ruelle) des frettages et surtout des tubes ébauchés. D'autre part, il existait au magasin central un assez grand nombre de canons (1), d'affûts, de freins de rechange et de caissons, et l'on en commanda d'autres aux établissements de l'artillerie et de la marine. Le 10 novembre

---

(1) Un canon de 75, modèle 1897, comprend :

a) Le *canon proprement dit*, qui se compose d'un tube fretté par un manchon, une frette à écrou et une frette de calage; d'une frette de bouche munie de galets; d'une fermeture de culasse; d'une jaquette en bronze qui recouvre le frettage et porte des galets qui roulent sur la glissière-frein pendant le recul;

b) Une *glissière-frein*, qui supporte le canon et repose sur l'affût par des tourillons.

A l'étranger, et dans les usines qui fabriquent pour lui, on désigne souvent sous le nom de tube tout l'ensemble du canon proprement dit des bouches à feu analogues. Nous dirons au besoin : *tube-canon* pour éviter toute confusion.

1914, il y avait ainsi en commande 640 tubes, 60 frettages, 200 freins, 300 affûts et plusieurs centaines de caissons.

Au mois de septembre 1914, on avait également commandé aux usines du Creusot douze batteries de 75 modèle 1912 (1) et décidé de retenir en France huit batteries d'un type analogue que ces usines avaient en construction pour la Grèce.

Le 29 septembre, les usines de Saint-Chamond furent invitées à faire des offres de prix pour la fourniture de vingt batteries d'un système dont elles avaient déjà fourni quelques batteries au Mexique. Plus tard, le 4 novembre, les usines du Creusot avaient reçu notification par le service des forges d'une commande de quarante nouvelles batteries modèle 1912; ces usines devaient étudier, avec l'inspection des fabrications de l'artillerie, les mesures à prendre au point de vue de la main-d'œuvre pour assurer la fabrication et fixer les délais de livraison.

A la même époque, une seconde commande de vingt batteries était notifiée à Saint-Chamond; mais, par une lettre du 31 octobre, transmise le 6 novembre à la direction de l'artillerie, les usines de Saint-Chamond faisaient connaître que la fabrication des canons de leur première commande absorberait une partie de l'outillage qu'elles consacraient aux obus de 75, dont la production serait ainsi réduite de 500 à 1.000 par jour. Elles ajoutaient que le concours de la manufacture d'armes de Saint-Etienne leur serait nécessaire pour la confection de certains éléments des affûts.

Quant aux usines du Creusot, elles étaient très

(1) Canons du Creusot qui avaient été adoptés en 1912 pour armer les batteries des divisions de cavalerie.

en retard pour leurs livraisons d'obus de 75; de plus, elles ne pouvaient fournir que douze canons de 105 par mois et avaient à peine commencé la fabrication des canons de 155 L. et des mortiers de 280.

Or, il était indispensable que la production des obus de 75 progressât rapidement au lieu de se réduire et que le nombre de nos canons lourds augmentât le plus tôt possible. En outre, il était nécessaire. pour des raisons morales aussi bien que matérielles, que nous puissions disposer, à bref délai, d'un mortier très puissant : le mortier de 370, étudié avant la guerre par le commandant Filloux et dont le premier spécimen était à Bourges, en cours d'essais. La construction de plusieurs exemplaires de ce mortier représentait un travail considérable et assez difficile dont Le Creusot et Saint-Chamond étaient seuls capables avec l'atelier de construction de Bourges.

D'autre part, à ce moment, l'administration de la guerre n'était pas renseignée sur les pertes de canons de 75 faites au début des hostilités et aucun éclatement prématuré n'avait été signalé, les armées n'ayant d'ailleurs pas encore reçu d'obus des nouvelles fabrications. Rien n'indiquait donc qu'il serait nécessaire d'entreprendre prochainement une fabrication importante de canons de 75, qui étaient bien ce dont nous manquions le moins.

Enfin, il ne paraissait pas avantageux de multiplier le nombre des modèles de canons en service en adoptant de nouveaux modèles inférieurs, certainement, au matériel modèle 97. En effet, le canon modèle 1912 du Creusot, bien que supérieur aux canons Krupp du même genre, s'était montré moins rustique que notre canon modèle 1897 et sa portée était plus faible. Quant au canon de Saint-Chamond, il était peu connu et avait été établi pour tirer un obus moins lourd que le projectile réglementaire à une vitesse plus faible. En quelques jours, les constructeurs avaient bien vérifié que ce canon était capable de tirer la cartouche réglementaire; mais les essais, effectués sur un petit nombre de coups, étaient insuffisants pour permettre d'adopter une bouche à feu avec toutes les garanties désirables.

Au milieu de novembre 1914, le général Baquet, qui venait d'être adjoint au directeur de l'artillerie, proposa au directeur et au Ministre de ne pas donner suite aux commandes de canons des systèmes du Creusot et de Saint-Chamond.

Sa proposition ayant été approuvée, le directeur adjoint convoqua M. Laurent, directeur général des usines de Saint-Chamond, et M. de Courville, directeur des usines du Creusot, pour leur annoncer la décision prise, et il leur en donna les raisons : nécessité absolue de pousser la fabrication des obus de 75 et celle des canons lourds, à laquelle ils devaient ajouter celle des matériels de 370 qui allaient leur être commandés. C'est à cette occasion qu'il leur dit : « *Nous fabriquons quatre à cinq obus par jour et par canon de 75; nous avons assez de ces canons pour le moment, et si nous devons en fabriquer plus tard vous recevrez des commandes de canons modèle 1897.* »

Le directeur des usines de Saint-Chamond ne fit aucune objection, remarquant seulement que sa Société, fournisseur, comme Le Creusot, de canons à l'étranger, avait désiré que des batteries de son système pussent faire leurs preuves à la guerre.

M. de Courville fit quelques objections en réservant l'avis de MM. Schneider et Cie. Le directeur adjoint lui fit alors observer que les quarante nouvelles batteries n'étaient pas commencées, que le marché qui les concernait n'était pas signé et ne le serait pas.

Le 28 novembre, MM. Schneider et Cie écrivaient à la direction de l'artillerie :

« Nous sommes bien d'accord pour annuler la commande de quarante batteries qui nous a été notifiée par lettre du 4 novembre de la direction des forges, mais nous préférerions que la première commande de vingt batteries soit maintenue en raison des dépenses que nous avons déjà engagées. D'ailleurs, cette fabrication peut se poursuivre sans nuire en rien à l'exécution des matériels de gros calibres, qui s'effectuerait dans des ateliers complètement distincts.

» Quant à ces derniers matériels, nous examinons actuellement toutes les mesures que nous pourrions prendre pour activer l'achèvement des mortiers de 280, ainsi que la fabrication à entreprendre des mortiers de 370. Cet examen doit être fait avec tout le soin désirable pour nous permettre de vous donner des précisions sérieuses, et nous avons besoin d'un délai de quelques jours pour vous fixer à ce sujet. »

La commande des vingt premières batteries fut maintenue. L'avenir a prouvé que ces batteries ne pouvaient être fabriquées rapidement et qu'elles faisaient concurrence au moins aux canons de 105 et de 155 dont il n'est pas question dans la lettre qui précède. En tout cas, cette lettre montre bien que, à cette époque, Le Creusot était, comme les autres grandes usines et les ateliers de l'artillerie, hors d'état d'entreprendre de très nombreuses commandes.

× ×

Dans le courant de janvier 1915, on apprit, au ministère de la guerre et dans les milieux parlementaires, que le nombre des canons mis hors de service, par l'éclatement dans l'âme d'obus de la nouvelle fabrication, devenait tout à fait inquiétant (1). On commençait également à savoir qu'un nombre important de canons avaient été perdus au commencement de la campagne. Le chiffre exact de ces pertes était d'ailleurs encore inconnu à l'administration centrale.

Jusqu'à cette époque, les demandes de canons de 75 faites par le grand quartier général avaient été satisfaites en organisant en voitures complètes les éléments existant au magasin central, en faisant des prélèvements sur les dépôts des corps de troupe et en utilisant des batteries de sortie affectées aux places non menacées. On avait, en outre, fait revenir un certain nombre de canons des colonies. Ces ressources avaient permis d'envoyer aux armées près de 400 pièces de 75 jusqu'au 1er février 1915. A cette date, il restait en magasin : 82 voitures-canons complètes, 160 canons, 250 affûts et 95 freins; on espérait encore satisfaire aux demandes ultérieures en réparant les canons revenus des armées et en produisant un petit nombre de canons neufs.

Mais, à ce moment, la situation se modifia : il ne s'agissait plus seulement, pour le service de l'artillerie, de satisfaire à des demandes de remplacements pour usure, pertes ou destruction, mais aussi de pourvoir à des programmes d'organisation. L'état-major de l'armée (ministère) invitait la direction de l'artillerie à prendre des mesures pour fournir, dans un délai assez court, 252 pièces de 75 destinées à de

(1) On en avait déjà signalé près d'une centaine à la fin de janvier et il continuait à s'en produire chaque jour; le 1er mai, 500 canons au moins étaient ainsi mis hors de service.

nouvelles formations qui allaient être créées à l'intérieur. Presque en même temps, le grand quartier général demandait 510 pièces pour réorganiser des unités du front.

D'ailleurs, quelques jours après, le 17 février, le général commandant en chef réclamait la mise à sa disposition, dans le plus court délai, de toutes les ressources disponibles en matériel de 75.

La question d'une fabrication importante de canons de campagne se posait donc brutalement et beaucoup plus tôt qu'on ne l'avait pensé. Or, au moment de la création du matériel de 75, la production maxima n'avait pas dépassé cinq canons et demi par jour, et ce chiffre n'avait été atteint que plus de trois ans après le commencement de la fabrication. Celle-ci avait cependant été poussée aussi vite que possible, et elle absorbait alors presque tous les moyens des ateliers de l'artillerie et une grande partie de ceux des usines privées.

Heureusement, lorsqu'un canon éclate, sous l'action de la charge d'explosif de son projectile, tous ses éléments ne sont pas hors d'usage. Le tube est brisé ou tout au moins gonflé et doit être remplacé. Mais les éléments qui recouvrent le tube peuvent assez souvent être utilisés; certains d'entre eux dont la fermeture de culasse et la frette de bouche sont presque toujours indemnes. La glissière n'est hors de service que deux fois environ sur cinq; l'affût n'exige ordinairement que des réparations peu importantes.

Ici, comme pour les fusils, le moyen de satisfaire le plus tôt possible aux demandes des armées était de reconstituer des canons en utilisant les éléments qui subsistaient. Les éléments détruits furent remplacés au moyen des commandes de tubes et frettages faites au début des hostilités et qui furent renouvelées en temps utile. Au milieu de février, le nombre des tubes déjà commandés s'élevait à 900; les autres éléments, moins nombreux, étaient commandés dans la proportion où ils paraissaient être détruits.

L'atelier de construction de Bourges, qui avait fabriqué avant la guerre la plus grande partie des canons proprement dits, fut chargé de remonter cette fabrication en produisant tout d'abord les éléments de la bouche à feu dans la proportion utile pour chacun d'eux. La réparation des glissières-freins utilisables fut également exécutée à Bourges. Quant à la confection des freins neufs, plus difficile encore que celle des canons, elle fut réorganisée surtout à l'atelier de Puteaux qui avait usiné précédemment une grande partie de ces freins et les avait montés tous.

Dans les derniers mois de 1914, l'atelier de construction de Bourges avait déjà commencé à réparer des canons dégradés renvoyés du front. En janvier cet atelier remit à neuf 45 canons (1); en février il en fournit quatre par jour et près de cinq en avril. Le 30 avril, l'atelier de Bourges avait remis à neuf 458 canons. Il avait, en outre, en cours de fabrication une série de 100 canons entièrement neufs qui devaient sortir presque en même temps dans le courant de juin. Ce résultat peut paraître assez satisfaisant si l'on considère qu'il fut atteint en quelques mois et qu'il représentait comme travail la moitié au moins de la production maximum atteinte autrefois, après trois ans, pendant la fabrication du matériel de 75.

Mais le fait de ne pas fabriquer immédiatement que

---

(1) A cette époque, c'étaient surtout des canons dont les rayures étaient usées, ce qui exige déjà le remplacement du tube. Le tube usé doit alors être réduit en copeaux pour le séparer des éléments qui le recouvrent et qui seront utilisés par un nouvel ajustage sur le tube neuf.

des canons complètement neufs dans toutes leurs parties fut vivement critiqué, comme s'il était raisonnable d'accumuler des éléments qui n'étaient pas immédiatement utiles en retardant la production des éléments nécessaires. On peut cependant affirmer qu'un canon dont le tube est neuf est un canon neuf, même s'il comporte quelques éléments provenant d'un canon hors de service; l'expérience de la guerre l'a prouvé s'il en était besoin.

D'ailleurs, l'administration de la guerre s'était préoccupée d'augmenter la proportion des canons complètement neufs dès que le nombre des canons détruits diminuerait par suite de l'amélioration des munitions, et aussi à mesure que l'accroissement de l'outillage le permettrait.

Dans le courant de février 1915, une première commande de 500 voitures-canons complètes (1), modèle 1897, fut faite. Les éléments de ces voitures furent répartis entre les usines privées et celles de l'Etat, y compris les ateliers de la marine, d'après leur outillage et leurs fabrications ordinaires. Les usines du Creusot acceptèrent de participer à la confection des glissières-freins avec un outillage fourni en partie par la manufacture de Saint-Etienne. Mais la répartition n'alla pas sans difficultés, la plupart des usines étant déjà largement pourvues de commandes pour leurs moyens de production du moment. De plus, certaines usines préféraient les éléments faciles à forger, tels que les tubes, à d'autres objets tels que les manchons qui sont d'une fabrication plus difficile. Il fallut imposer la confection de certains éléments et l'on peut penser qu'il est peu aisé, dans

(1) C'est-à-dire avec avant-trains. Il existait une réserve importante de caissons.

ces conditions, d'obtenir des promesses de livraisons rapprochées sur lesquelles on puisse compter. On pouvait cependant espérer obtenir une voiture complète par jour à partir du 15 juillet, deux à partir du 15 août, quatre en octobre, sans préjudice des fabrications déjà en cours et qui produisirent 222 canons neufs ou remis à neuf dès le mois de mai, soit 7 par jour. Malgré quelques à-coups, dus à des interventions dont il sera parlé, la fabrication des canons de 75 était lancée; elle devait atteindre 467 canons dans le mois de janvier 1916, soit 15 canons par jour, chiffre énorme et qui fut encore dépassé ultérieurement.

Mais c'était comme un principe de critiquer les mesures prises par la direction de l'artillerie.

Quelques personnalités s'étonnèrent de l'appel fait à de nombreuses usines pour la fabrication des éléments très variés dont se composent les voitures-canons. Ces personnes s'étaient attendues à ce que la commande fût partagée en séries de voitures complètes données à divers industriels. Il fallait expliquer aux critiqueurs que les rares sociétés industrielles capables de fabriquer des voitures-canons complètes n'en pourraient fournir qu'un très petit nombre et qu'elles devraient elles-mêmes s'adresser à différents constructeurs pour se procurer de nombreux éléments; qu'il était, de plus, impossible d'attendre que fussent créées, si elles se créaient jamais, les immenses usines qui fabriqueraient sans exception les centaines d'objets qui forment une voiture-canon.

Toutes ces critiques étaient évidemment basées sur la méconnaissance des nécessités de la fabrication d'un objet formé de nombreux éléments; elles procédaient aussi de cette idée que l'industrie privée, dont on n'avait peut-être pas assez usé en temps de paix, était seule capable de fabriquer utilement pendant la guerre.

× ×

Dans un rapport établi le 17 mars 1915 au nom de la commission sénatoriale de l'armée, M. Ch. Humbert trouvait, naturellement, que les choses allaient bien lentement. Après avoir reproduit la plupart des critiques précédentes, il renchérissait sur les demandes du grand quartier général en réclamant 1.500 à 1.800 pièces neuves « pour répondre aux besoins immédiats » et, en outre, une production mensuelle de 200 à 300 canons retubés. Il revenait ensuite sur la question des batteries du Creusot et de Saint-Chamond dont les commandes avaient été annulées au mois de novembre 1914. Il prétendait avoir reçu de MM. Schneider et Cie l'assurance que leurs usines auraient « pu livrer sept à huit batteries par mois, trois ou quatre mois après la commande, et augmenter régulièrement ce chiffre de façon à arriver à vingt batteries par mois, quatre mois après la livraison de la première batterie ». Le directeur des usines de Saint-Chamond aurait, paraît-il, donné des assurances analogues mais pour des quantités trois fois moindres dans les mêmes délais.

Pourtant, avant que le rapport de M. Ch. Humbert parvînt au ministère, les usines du Creusot avaient fait savoir que la livraison des vingt batteries commandées en septembre 1914, qui devait commencer en avril 1915 pour finir en octobre, ne pourrait commencer que deux mois plus tard. En effet, à partir du mois de juin 1915 les livraisons se firent à raison de une batterie par semaine.

Dans le courant de mars 1915, pour tenir compte des déclarations faites par Le Creusot à la commission sénatoriale de l'armée, au sujet de leurs facultés de production, MM. Schneider et Cie furent invités à prendre une commande de canons de 75 réglementaires qui devaient être livrés à partir d'octobre. Ils acceptèrent, mais furent obligés de remanier les dates de livraisons des autres matériels.

A ce moment, il ne pouvait être question, pour les raisons déjà indiquées, de mettre en commande du matériel modèle 1912 type Creusot; du reste, le général commandant en chef avait fait savoir qu'en raison de la supériorité du matériel modèle 1897, il ne se rallierait à cette solution qu'à la condition d'y trouver un bénéfice de temps nettement appréciable, ce qui n'était pas le cas, du moins de l'avis du directeur de l'artillerie. Mais M. Ch. Humbert était d'un avis contraire, comme on va le voir.

Le 11 et le 12 mars, le directeur de l'artillerie avait été convoqué par une délégation de la commission sénatoriale de l'armée, M. Ch. Humbert lui reprocha véhémentement de ne pas donner de commandes aux usines du Creusot, capables, disait-il, d'une production indéfinie. Or, à cette époque, MM. Schneider et Cie n'avaient guère commencé à donner à leurs usines le développement considérable qu'elles reçurent depuis. Ils avaient cependant déjà, tant pour la France que pour ses alliés et en artillerie seulement, des commandes dont la valeur s'élevait à 300 millions, chiffre plus que double de la valeur totale des fabrications de toutes espèces que toutes leurs usines réalisaient annuellement avant la guerre; en outre, ce chiffre était bien quinze fois plus fort que celui des commandes d'artillerie qui avaient pu être exécutées, également en un an, par ces mêmes usines en temps de paix. De plus, au commencement de mars, Le Creusot n'avait encore livré qu'une très faible partie des commandes d'artillerie déjà données pendant la guerre et auparavant.

Dans ces conditions, il ne paraissait pas opportun, comme dut l'expliquer le directeur de l'artillerie, d'augmenter le nombre des commandes, d'autant plus que la plupart de celles-ci devaient être renouvelées en temps utile, avant leur achèvement, après revision éventuelle des prix.

Mais Le Creusot préférait toujours, très naturellement, les canons qui portaient sa marque aux canons réglementaires. Aussi, au mois de mai, une commande de 200 canons modèle 1912 dût lui être donnée pour être livrée avant les canons modèle 1897 (1). Par mesure de bonne justice, les usines de Saint-Chamond, qui, elles aussi, prétendaient à bon droit donner la sanction de la guerre à leur matériel, reçurent en même temps une commande d'égale importance de canons de leur système.

Si donc, M. Ch. Humbert invitait, à chaque occasion, le directeur de l'artillerie à imposer sa volonté aux industriels, on peut penser peut-être qu'il ne lui facilitait pas beaucoup cet acte d'autorité.

On aurait pu indiquer, à propos des obus, un autre exemple encore plus frappant de l'immixtion de l'auteur de la campagne « des canons, des munitions » dans les questions les plus techniques.

Dans la séance de la commission sénatoriale de l'armée dont il vient d'être question, M. Ch. Humbert reprocha au directeur de l'artillerie d'avoir « *imposé* » un tracé d'obus de 370 qui avait le grand tort

---

(1) Le nombre de ces canons modèle 1912, livrés à la date du 1er juillet 1916, n'atteignait pas encore la centaine.

d'avoir des parois plus épaisses près du culot qu'à la base de l'ogive. Suivant le sénateur, sans doute bien renseigné, un obus à parois d'épaisseur uniforme pouvait seul donner des garanties de sécurité, tandis que le projectile incriminé devait faire *accordéon* au départ du coup de canon.

Le directeur dût expliquer avec quelques détails qu'un obus à grande capacité, pour présenter la plus grande résistance possible au tir, devait être plus épais vers le culot qu'à la base de l'ogive; que l'obus qu'on lui conseillait serait seulement plus facile à fabriquer, sans d'ailleurs qu'on proposât d'en réduire le prix; enfin, qu'il avait examiné lui-même le tracé de l'obus mis en commande, en raison des conséquences particulièrement graves qui résulteraient de l'éclatement prématuré d'un projectile contenant 150 kilogrammes d'explosif. A ce sujet, il eût le tort de rappeler qu'il était l'auteur d'assez nombreux obus explosifs, parmi lesquels celui qui se rapprochait le plus de l'obus en litige, et que son avis et celui de ses services valaient sans doute bien l'opinion des personnes qui avaient documenté M. Ch. Humbert.

A la vérité, plusieurs membres de la commission sénatoriale parurent trouver que M. Humbert poussait la discussion technique un peu loin; cela ne l'empêcha pas de se rendre quelque temps après à Bourges, où l'on allait tirer l'obus chargé en explosif, « pour voir éclater l'obus du général directeur ». Mais l'obus ne voulut pas éclater.

V.

Artillerie lourde.

A la mobilisation, nous possédions cinq régiments d'artillerie lourde de campagne, dont quatre avaient été formés en 1913 et le dernier en 1914.

En attendant les canons modernes qui venaient d'être mis en commande, ces régiments étaient armés :

1° De 104 pièces de 155 C. modèle 1904 (Rimailho), pièces très mobiles ayant une portée de 6.000 mètres qui fut augmentée pendant la guerre;

2° De 120 pièces de 120 L. modèle 1878, canons de siège et place, anciens mais excellents, dont la portée, très augmentée pendant la guerre, atteignait déjà 8 kilomètres. Ces pièces, dont le poids en ordre de route ne dépassait pas 4.000 kilogrammes, pouvaient être traînées par six chevaux. 84 d'entre elles venaient d'être pourvues de ceintures de roues dites *cingolis* leur permettant de se mouvoir et de tirer sur le terrain naturel; les autres en furent munies dans les premiers jours des hostilités;

3° De 84 pièces de 120 C. modèle 1890 portant à 5.600 mètres. Ces canons courts et une centaine d'autres du même modèle avaient formé autrefois l'armement de certaines batteries de campagne qui devaient jouer le même rôle que les batteries allemandes d'obusiers légers.

Soit, au total, 308 bouches à feu, armant 68 batteries. Les batteries de canons courts étaient à quatre pièces; les batteries de 120 L. étaient à six pièces, sauf trois qui étaient traînées par des tracteurs automobiles et qui comptaient quatre pièces seulement.

Dans nos équipages de siège, il existait un certain nombre de bouches à feu de la période 1880-1885 qui avaient été améliorées depuis 1890 pour en accroître la mobilité, la facilité de mise en batterie et la rapidité de tir, savoir :

a) 108 pièces de 155 C. modèle 1881-1912 (modification Filloux) (1) mobiles et pouvant être mises en batterie rapidement. Leur portée, de 6.000 mètres, fut étendue jusqu'au delà de 7.000 à la fin de 1915;

b) 96 mortiers de 220 modèle 1891 (ancien modèle 1880) sur affûts à châssis et plates-formes métalliques, portant à 7.000 mètres et pouvant être tirés par huit chevaux sur tous les chemins. Leur mise en batterie pouvait être exécutée en trois ou quatre heures. L'obus contenait 30 kilogrammes d'explosif;

c) 32 mortiers de siège de 270 modèle 1885, qui avaient été pourvus, en 1890 et dans les années suivantes, d'affûts à châssis et plates-formes métalliques. Ce matériel tirait un projectile contenant 65 kilogrammes d'explosif à 4.300 mètres et un projectile contenant 35 kilogrammes d'explosif à 7.800 mètres. Il pouvait être installé sur un terrain quelconque en douze heures. L'une des voitures, pesant 7.600 kilogrammes, était traînée par huit ou dix chevaux de gros trait. Ce matériel a été pourvu de tracteurs pendant la guerre.

En outre, il existait, dans les places, une centaine

---

(1) La modification Filloux était antérieure à 1912, mais elle n'avait pas été adoptée immédiatement.

de pièces de 155 C. modèle 1890 à freins hydropneumatiques, portant à 6.000 mètres. Ces pièces avaient formé notre artillerie lourde mobile avant le matériel de 155 C. modèle 1904; la voiture la plus lourde pesait moins de 4.000 kilogrammes et la mise en batterie était très rapide.

Enfin, dans les équipages de siège et dans les places, nous disposions de nombreux canons de 90 modèle 1877, de 95 modèle 1878, de 120 L. modèle 1878, de 155 L. modèle 1877, et d'environ 350 canons courts de 155 modèle 1881 et 230 mortiers de 220 modèle 1880. Les matériels de ces bouches à feu n'avaient reçu, depuis leur adoption, que des améliorations de détails. Les pièces des calibres de 120 et au-dessus devaient tirer sur des plates-formes en bois assez longues à installer, et leur tir était lent; mais leur précision n'avait pas été dépassée par aucune bouche à feu moderne.

Il faut remarquer que nos projectiles explosifs en acier à grande capacité, de gros comme de petits calibres, adoptés presque tous depuis 1888, étaient beaucoup plus puissants que les obus explosifs des calibres similaires allemands; mais une partie importante de l'approvisionnement en munitions était encore constituée avec les anciens obus en fonte datant de la même époque que le canon, et que l'on avait chargés en mélinite.

Comme on l'a déjà vu, des matériels modernes avaient été mis en commande peu de temps avant la mobilisation, savoir :

a) En avril 1913, 220 pièces de 105 L., commandées moitié aux établissements de l'artillerie, moitié au Creusot et livrables du mois d'août 1914 au mois de juillet 1915. 12 de ces pièces, formant un groupe de trois batteries, furent livrées par Le Creusot dans les premiers jours d'août, mais la mobilisation ralentit la fabrication des autres batteries;

b) En juin 1914, 120 pièces de 155 L. à tir rapide commandées au Creusot, et dont les livraisons devaient s'échelonner de décembre 1915 à décembre 1917; cette commande n'était pas commencée à la mobilisation et ne pouvait l'être;

c) En novembre 1913, 18 mortiers de 280 commandés également au Creusot et livrables de novembre 1915 à novembre 1916. Aucun de ces mortiers n'était commencé, mais Le Creusot travaillait déjà sur une commande de 16 mortiers analogues destinés à la Russie.

× ×

Telle était la situation au début des hostilités. Au commencement d'octobre, la nécessité apparut d'augmenter, d'extrême urgence, nos formations d'artillerie capables de répondre à l'artillerie lourde ennemie. On ne pouvait faire état des nouveaux matériels mis en commande et dont la construction ne pouvait être accélérée immédiatement dans la situation où se trouvait notre industrie. Il fallait donc recourir au matériel de siège et place, en commençant par les pièces déjà relativement mobiles et en adaptant les autres, le mieux et le plus rapidement possible, aux conditions de la guerre.

Dès le début d'octobre 1914, le commandement préleva sur l'armement des places de l'Est et sur les équipages de siège, pour les diriger sur le front, un certain nombre de canons de 90 (1), de 95, de 120 L.

(1) Le canon de 90 constituait déjà l'armement de l'artillerie de certaines divisions territoriales. Son obus, en acier, contenait

et de 155 C. et quelques mortiers de 220. En même temps, à l'intérieur, on créa plusieurs centres d'organisation de batteries lourdes.

Le premier effort porta sur le canon de 120 L., qui avait fait preuve d'une mobilité très satisfaisante pendant les premières opérations; à partir du 10 octobre, on put déjà en livrer deux batteries par semaine. En novembre, la guerre prenant tout à fait le caractère de guerre de position, on commença également à constituer des batteries de 155 L. Ces batteries et celle de 120 exigeaient non seulement la fabrication de cingolis, mais aussi des modifications assez importantes aux affûts.

Enfin, et parallèlement, on organisait des batteries mobiles de 95 et de 155 C. modèle 1881-1912 qui, comme les précédentes, nécessitaient la confection d'un grand nombre de caissons et de chariots de parc pour le transport de leur premier approvisionnement de munitions. Le 1er décembre 1914 on avait déjà envoyé sur le front au moins :

672 canons de 90 (1);

266 canons de 95;

175 canons de 120 L. à ajouter à ceux qui s'y trouvaient déjà;

132 canons de 155 L;

96 canons de 155 C. modèle 1881-1912,

---

1 kgr. 700 d'explosif et sa portée pouvait atteindre 7.500 mètres. L'obus de 95 contenait 2 kgr. 300 d'explosif et sa portée dépassait 8.000 mètres. Ces portées furent augmentées de 2.000 mètres environ avec les obus du type D adoptés en 1914 et au commencement de 1915. L'obus explosif de l'obusier de 105 allemand contenait 1 kgr. 500 d'explosif et portait à 6.500 mètres. Le projectile explosif du canon de 105 L. allemand contenait 2 kgr. 200 d'explosif et portait à 10.300 mètres.

(1) Plus 300 canons de 90 cédés aux Anglais.

Soit près de 1.350 bouches à feu nouvelles, non compris 36 canons à tir rapide de 105 L.

Le 15 mai 1915, il avait été mis à la disposition des armées, pour le *renforcement* de l'artillerie lourde primitive, au moins :

398 pièces de 95;
8 pièces de 100 de la marine;
250 pièces de 120 L. dont 24 à tracteurs (1);
172 pièces de 155 L.;
120 pièces de 155 C. modèle 1881-1912 (2);
48 mortiers de 220 modèle 1891 (3);
32 mortiers de 270 de siège,

constituant des batteries (4) de six ou quatre pièces organisées en matériel et personnel.

Il faut ajouter 834 pièces de 90 et 72 canons de 105 L. de la nouvelle fabrication.

Le nombre des canons, de calibres autres que le 75, dont disposaient alors les armées, dépassait 2.000 (5).

Cela ne faisait évidemment que « quelques centaines de vieilles pièces », comme le constatait M. Ch. Humbert, dans un rapport du 24 mars 1915, en s'indignant qu'après huit mois de guerre on n'eût pas

---

(1) 36 autres pièces à tracteurs devaient être disponibles dans le courant de mai : quelques usines françaises d'automobiles avaient repris la fabrication des camions, des tracteurs d'artillerie et des châssis pour canons contre avions; mais ces fabrications, qui exigeaient, elles aussi, du personnel et des matières premières, concurrençaient la confection des obus et n'avaient encore qu'un faible rendement.

(2) Des batteries de 155 C., modèle 1890, furent également envoyées au front dans les mois suivants.

(3) 48 autres étaient immédiatement disponibles.

(4) Environ 200 batteries. Quelques pièces avaient servi à remplacer des pièces détruites.

(5) Ce chiffre ne comprend pas les canons de 80 et de 65 de montagne, ni les canons de divers calibres qui avaient pu être prélevés par le G. Q. G. sur les places de l'Est, ni les lance-bombes de 58, ni les canons de 37 et 47 employés dans les tranchées.

déjà construit de nombreuses pièces modernes, oubliant ainsi le délai qu'il fallait, en temps de paix, aux usines en pleine activité, pour en fabriquer un petit nombre.

Mais un autre sénateur, dont l'autorité était plus considérable que celle de M. Ch. Humbert, se montrait plus indulgent lorsque, un mois après, il écrivait dans un rapport :

« Il est indispensable qu'on fasse désormais des efforts pour hâter la fabrication (des canons de 105), éviter des retards et des accidents nouveaux. C'est le moins qu'on puisse demander.

» On doit réclamer aussi plus d'activité dans la construction et la réfection des autres matériels d'artillerie lourde de campagne. Il ne s'agit pas de pièces neuves, il est trop tard, hélas! pour en entreprendre la fabrication. Ce sont nos pièces anciennes de place et de siège, vieilles de trente-cinq ans et d'ailleurs bonnes encore, qu'il s'agit d'adapter aux conditions de la guerre de campagne. Leur plus grave défaut est l'absence de mobilité. »

On peut remarquer que ces lignes reflètent la croyance, encore presque unanime à cette époque, à une issue assez prochaine de la guerre.

Quoi qu'il en soit, c'est grâce aux pièces anciennes, jointes aux canons de 105 L. qu'il avait été possible de fabriquer, que le 1er août 1915, un an après la mobilisation, le nombre de nos batteries d'artillerie lourde *mobile* avait quadruplé en passant de 68 à 272. Avec ces batteries et les batteries de position, nous avions alors, sur le front, environ 2.500 canons (1) de calibres autres que le 75 et nous avions

(1) Voir la note (5) de la page précédente.

pu répondre avantageusement à l'artillerie lourde allemande et rendre confiance à nos troupes. Il est douteux que ce résultat ait pu être obtenu en temps utile si l'on avait attendu la fabrication de pièces nouvelles.

× ×

On n'avait cependant pas renoncé à fabriquer des canons modernes.

En septembre 1914, les usines du Creusot reprirent activement la construction des canons de 105 L. qu'elles avaient à peine ralentie. Ces usines livrèrent bientôt un groupe de trois batteries de quatre pièces par mois, et, à la fin d'avril 1915, la première série de 110 pièces était livrée, dont 12 pièces furent cédées à la Russie. Malheureusement, des éclatements prématurés se produisaient fréquemment dans cette bouche à feu, dont 72 exemplaires seulement existaient encore sur le front au mois de mai.

En décembre 1914, il fut décidé que la fabrication de la deuxième série de 110 canons, qui devait être exécutée à Bourges, serait continuée par les usines du Creusot, où serait concentrée la fabrication des canons de 105. Comme M. Ch. Humbert a écrit que les établissements de l'Etat n'avaient pas même « esquissé » leur fabrication à la date fixée pour la livraison, on est obligé d'indiquer ici « l'état d'avancement presque dérisoire », prétendait-il, dans lequel les pièces furent passées aux usines du Creusot par l'atelier de construction de Bourges. En octobre 1914, cet atelier avait déjà livré à MM. Schneider et Cie six canons et un grand nombre de pièces de culasse qui furent utilisées pour les batteries de la première série. Les livraisons faites ensuite comprenaient 25 tubescanons terminés extérieurement, 18 canons finis intérieurement, 41 canons déjà frettés, une grande quantité de pièces diverses et notamment 110 traîneaux (1), c'est-à-dire la totalité, complètement finis d'usinage. Ces traîneaux constituaient une partie très importante du matériel et du travail.

Les livraisons de cette deuxième série devaient s'échelonner de juillet 1915 à janvier 1916.

Une troisième série de 110 canons de 105 fut commandée aux usines du Creusot le 30 avril 1915. Les livraisons devaient s'échelonner de janvier à mars 1916.

En janvier 1915, la Société Schneider et Cie avait été invitée à entreprendre la fabrication des matériels de 280. Il en fut de même en mars pour les matériels de 155 L.

En mai, lors de la création du sous-secrétariat d'Etat, les commandes en cours aux usines du Creusot comprenaient donc :

220 canons de 105 L. T. R. (2e et 3e séries);

120 canons de 155 L. T. R.;

18 mortiers de 280 T. R.

Au total, 358 bouches à feu d'artillerie lourde moderne, dont aucune n'était livrée, et auxquelles il faut ajouter certaines pièces à grande puissance dont il sera question plus loin.

---

(1) Le canon se compose d'un tube-canon, c'est-à-dire du canon proprement dit, reposant sur un traîneau-frein qui glisse sur un berceau porté par l'affût. Il est vrai que l'atelier de Bourges, si la fabrication n'avait pas été arrêtée par la mobilisation, n'aurait pu livrer les premiers canons qu'avec trois mois de retard. Ce retard était dû à l'étude et à la confection des instruments vérificateurs destinés au Creusot comme à l'atelier de Bourges. En outre, cet atelier avait entrepris, dès le début, la fabrication d'un assez grand nombre d'éléments de chaque espèce, ce qui lui eût probablement permis de faire des livraisons partielles importantes.

Malheureusement, même après dix mois de guerre, les ateliers d'artillerie de notre grande Société métallurgique, comme bien d'autres, n'avaient pas encore reçu l'extension considérable qu'ils devaient prendre par la suite; leurs moyens de production étaient dépassés de beaucoup par l'importance des commandes qu'ils avaient reçues de nous ou de nos alliés. Une partie de ces moyens était d'ailleurs absorbée par la confection de l'outillage nécessaire à leur propre extension.

L'action la plus énergique de l'administration de la guerre, qui alla jusqu'à tendre les rapports entre le directeur de l'artillerie et la Société du Creusot, ne pouvait rien contre cet état de choses, quoi qu'on en ait dit. Cette action, si elle avait été libre, aurait pu seulement parvenir à fixer l'ordre d'exécution des diverses commandes suivant l'urgence que leur attribuait l'administration. Pour Le Creusot, comme pour d'autres usines, lorsqu'une nouvelle commande intervenait, il devenait souvent nécessaire de reviser les dates prévues pour les livraisons des commandes précédentes. C'est ainsi, par exemple, que, lorsqu'il fut indispensable d'activer la production des canons de campagne, il fallut retarder celle des canons de 155 pour ne pas réduire celle des canons de 105.

En fait, les premiers canons de 155 L. T. R. ne purent être expédiés au front qu'en mars 1916. Il se produisit même une interruption entre les livraisons des 1re et 2e séries de canons de 105.

Quant aux mortiers de 280, il n'était pas possible de les construire en même temps que seize mortiers russes du même type qui étaient commencés avant les hostilités et qui devaient être livrés à raison de quatre en juin 1915 et de deux dans chacun des mois suivants. Une convention fut passée avec le gouvernement russe pour mettre en commun les deux commandes et partager les premières livraisons qui furent faites avec peu de retard.

× ×

Les matériels d'artillerie lourde mobile n'étaient pas les seuls à réclamer une part de nos ressources industrielles.

De septembre 1914 à mai 1915 on étudia et on construisit les premiers spécimens de matériels d'artillerie lourde à grande puissance ou à grande portée, qui exigeaient des moyens spéciaux pour leur transport et leur installation. Ces matériels étaient soit des mortiers de gros calibres tirant des projectiles capables de détruire des organisations très solides, soit des canons à grande portée de moyens et de gros calibres.

Les mortiers étaient ceux de 270 de côte, de 293 et de 370.

Le mortier de 270 modèle 1889, en service sur nos côtes, était une pièce puissante, mais très lourde, dont la portée, qui atteignait 8.900 mètres, fut accrue de 1.500 mètres pendant la guerre. Dès le commencement des hostilités, on procéda à l'étude du transport et de la mise en batterie de cette bouche à feu au moyen de la voie de $0^m,60$ et six batteries à quatre pièces furent constituées à la fin de septembre 1914.

A la mobilisation, Le Creusot construisait pour le Danemark six mortiers de 293 de côte, portés par des affûts de grande hauteur, destinés à être fixés solidement à demeure sur des plates-formes bétonnées. Ces matériels, dont deux étaient terminés, furent réquisitionnés, mais ils étaient très lourds. Le problème de leur utilisation à terre, dans la plupart des circonstances, était assez difficile à résoudre. Après divers essais, on les plaça sur un truc de chemin de fer qui, pour le tir, venait reposer sur la voie normale ou la voie de $0^{m},60$, et on réduisit la hauteur de l'affût pour éviter le renversement.

Ces essais et la construction des dispositifs de transport et de manœuvre exigèrent un certain temps. La direction de l'artillerie fut vivement blâmée de ces « *retards* » par des personnalités qui s'imaginaient que ces mortiers pouvaient être employés presque sans modifications dans des conditions si différentes de celles pour lesquelles ils avaient été conçus. Il est juste d'ajouter que les constructeurs n'admettaient pas volontiers, et ils ne s'en cachaient pas, des modifications susceptibles de retarder, après la guerre, la livraison de ce matériel au premier destinataire. D'autre part, il n'existait, à la mobilisation, aucun projectile pour ces mortiers et il fallut étudier et fabriquer des obus de capacité suffisante pour justifier leur emploi à terre. Cependant, ces mortiers, adaptés à leur nouveau service, purent être livrés successivement dans le dernier trimestre de 1915; leur portée pouvait atteindre 12 kilomètres.

Le mortier de 370, capable de lancer à 8 kilomètres un obus de 500 kilogrammes contenant 150 kilogrammes d'explosif, ou à 10 km. 500 un obus de 400 kilogrammes avec 100 kilogrammes d'explosif, avait été étudié avant la guerre par le commandant Filloux. A la mobilisation, il en existait un seul exemplaire qui n'avait tiré qu'un très petit nombre de coups et qui ne fonctionnait pas encore parfaitement. A partir de décembre 1914 la mise au point en fut activement poussée, ainsi que l'étude des dispositifs de transport et de manœuvre. Dix mortiers purent être mis définitivement en commande en janvier 1915, dont quatre à Saint-Chamond, deux au Creusot et quatre à l'atelier de construction de Bourges. Comme des raisons morales aussi bien que les nécessités de guerre plaidaient pour la construction rapide de ces puissants matériels, les livraisons furent fixées à juin et juillet 1915, au détriment d'autres fabrications. Le premier fut livré par Saint-Chamond au commencement de juin et tous les autres étaient livrés à la fin d'août.

Les canons à grande portée et de moyenne et grande puissance furent fournis par des canons longs de côte ou de marine adaptés à leur nouveau mode d'emploi.

Dès la mobilisation, on avait songé à utiliser des canons de 14 et de 16 de marine pour étendre l'action de l'artillerie des places de l'Est. Au commencement de 1915 il y avait dans la région de Verdun dix-huit pièces de 14, dans la région de Toul douze pièces de 16, et à Paris quatre pièces de 16 installées sur des plates-formes fixes. Les affûts de ces pièces avaient reçu sur place des modifications permettant un plus grand angle de pointage, et, par suite, une plus grande portée.

En octobre, des études furent entreprises pour réaliser l'installation de canons de 19 et au-dessus sur des trucs de voie ferrée normale. Pour le tir, les trucs devaient servir de plates-formes, en les descendant, au besoin, au contact de la voie ferrée renforcée ou non.

Les dispositions adoptées furent très variables, suivant les dispositions initiales de l'affût, la puissance des réactions du tir et le champ de tir que l'on voulait ou pouvait réaliser. Elles exigèrent de nombreuses études exécutées dans plusieurs usines privées par les ingénieurs de ces usines, par des officiers de la marine ou de la guerre, et surtout par deux commissions spéciales. Ces commissions disposaient d'un personnel exercé d'artillerie à pied pour déterminer les manœuvres, souvent difficiles et délicates, nécessitées par la mise en œuvre de matériels très lourds qui devaient être employés dans des conditions aussi nouvelles (1).

Grâce aux efforts de tous, les projets furent rapidement établis et les premiers spécimens ont souvent pu être mis en essai dans un délai très court. D'ailleurs, comme on utilisait des trucs existants, au moins au début, l'adaptation des canons et de leurs affûts n'exigeait que la construction d'un assez petit nombre d'éléments à fabriquer de toutes pièces. Cette fabrication était exécutée par des ateliers de chaudronnerie ou de charpentes métalliques et ne concurrençait pas trop les autres commandes, au moins pour l'outillage.

Avant le 20 mai 1915 on avait pu répartir les commandes ci-après :

Au Creusot : vingt-quatre canons de 19 de côte, quatre canons de 274 de marine et huit canons de 240 T. R. de côte (2);

A la Société des Batignolles : seize canons de 24 de côte (3);

A Saint-Chamond : deux canons de 305 de marine (4),

Auxquels il faut joindre une pièce de 24 de côte sur chaland et six pièces de 240 de côte sur affûts

---

(1) Ces commissions étudièrent également les manœuvres concernant les mortiers à grande puissance.

(2) Commande portée à 12 canons le 2 juin 1915.

(3) Commande portée à 24 canons le 2 juin 1915.

(4) Commande d'étude faite par la marine.

en bois à échantignolles pouvant à la rigueur être utilisées.

Tous les calibres qui constituèrent, plus tard, l'artillerie à grande puissance étaient déjà représentés, sauf les canons de 32 et de 34 centimètres et l'obusier de 400.

A la fin de juillet 1915 la plupart de ces matériels étaient livrés, à l'exception des 240 T. R., qui furent terminés en septembre.

A la mobilisation on avait réquisitionné au Creusot deux canons de 240 de côte destinés au gouvernement péruvien. Au mois de janvier, ces canons avaient été expédiés et installés à Verdun après une modification destinée à obtenir une portée de 14.500 mètres au lieu de 11.500 mètres. Verdun reçut également dans les premiers mois de la guerre deux obusiers de 200 sur affût-truc et six canons de 155 L. sur affûts-trucs que Le Creusot avait en fabrication pour des puissances étrangères.

× ×

On s'est étonné, après coup, que la construction de l'artillerie lourde n'ait pas été entreprise en grand et d'après un programme ferme dès le premier semestre de 1915.

En ce qui concerne l'artillerie lourde mobile, il est inutile de revenir ici sur l'impossibilité d'entreprendre tout à la fois, et sur la nécessité où l'on s'est trouvé de recourir à nos canons d'anciens modèles modernisés le mieux possible.

Pour les canons et mortiers très lourds, il faut considérer en outre que la question était toute nouvelle et nécessitait au moins quelques essais sur un petit nombre de matériels variés. En cette matière moins encore qu'en toute autre, on ne pouvait improviser complètement, et l'œuvre de préparation qui a duré jusqu'en mai 1915 et au delà ne pouvait guère être écourtée.

D'autre part, un programme établi dès les premiers mois de guerre par le Commandement et le Ministre n'eût pu reposer que sur une série d'hypothèses qui auraient été renversées à chaque instant. En effet, jusqu'en 1916 au moins, les idées étaient peu arrêtées et ne pouvaient l'être; elles se modifiaient avec la prolongation de la guerre et ses événements. Aussi l'utilité des diverses sortes de matériels et l'ordre d'urgence de leur fabrication faisaient l'objet d'opinions très diverses dont aucune ne s'imposait.

Les Allemands avaient, il est vrai, déjà exécuté sur des villes des bombardements à grande distance avec de puissantes bouches à feu. Mais la question n'est pas la même de bombarder des agglomérations importantes ou d'atteindre la batterie, parfois la pièce unique, qui effectue ces bombardements. Pour cette riposte on pouvait penser que des canons de calibres moyens pouvaient être préférables. Même pour l'attaque d'un fort, il était permis de croire que des gros mortiers ayant une dizaine de kilomètres de portée pouvaient être employés avantageusement.

En tout cas, les canons moyens ou les mortiers peuvent généralement être amenés et installés assez près des lignes et dans un temps relativement court. Ils ne perdent pas une partie notable de leur portée comme des canons de très gros calibres, qu'il faut laisser loin en arrière pour dissimuler des travaux d'installation qui durent des semaines et parfois des mois.

Par contre, il était nécessaire de préparer assez tôt quelques canons longs d'assez gros calibres en vue du bombardement éventuel des places allemandes. Mais les canons longs, lorsque leur calibre et leur vitesse initiale dépassent certaines limites, ne peuvent tirer qu'un nombre de coups assez faible avant d'être usés. Peut-être les a-t-on quelquefois employés dans des circonstances qui ne justifiaient pas parfaitement leur mise en œuvre, et au détriment d'une utilisation ultérieure plus raisonnable. Enfin, jusqu'à la fin de 1915 presque tout le monde espérait encore une reprise assez prochaine des opérations actives. On ne croyait donc pas voir se multiplier sur les lignes des organes de défense de résistance toujours croissante. On pouvait d'ailleurs estimer que ces organisations offrent pour la plupart une surface trop réduite pour qu'on puisse les atteindre fréquemment avec un nombre malgré tout assez restreint d'énormes projectiles, et quels que soient les mérites des corrections balistiques.

Toutes ces questions se posaient aux armées et à l'administration de la guerre.

Dans ces conditions, qui aurait pu prétendre établir et faire adopter un programme susceptible de n'être pas remanié à chaque instant? On pouvait seulement, comme on l'a fait, construire le plus grand nombre possible de matériels, d'après les idées du moment. D'autre part, il n'est pas douteux que la proportion des divers matériels ait été influencée par le désir d'utiliser sans exception tous les moyens de fabrication dont on disposait.

Les partisans, *a priori*, des très gros canons pouvaient seuls, à l'époque dont il s'agit, avoir une opinion arrêtée. Ces personnes, et celles qui ont acquis la même opinion à ce qu'elles appellent la lumière des faits, seront disposées à croire qu'il n'y eut jamais assez de gros canons. Mais d'autres personnes ont découvert, à la même lumière et dès le commencement de 1917, qu'il y avait trop d'artillerie lourde et que la solution consistait dans de très nombreux petits canons, pourvus, il est vrai, d'assez gros obus, qui seraient transportés par les combattants des premières lignes!

La vérité est peut-être que la guerre elle-même n'aura pas élucidé cette question difficile et délicate, et que la prochaine guerre se fera dans des conditions bien différentes encore, car c'est l'homme, avec ses sentiments et ses instincts du moment, qui conditionne la guerre, et non la machine si perfectionnée qu'elle soit (1).

---

(1) Depuis que ce chapitre a été écrit (janvier 1918) la guerre a dû être faite, et fut terminée avec succès, sans très gros ni très petits canons.

VI.

Fusils

Nous avons commencé la guerre avec 2.880.000 fusils à magasin modèle 1886 (1), dits fusils Lebel, qui armaient l'infanterie et le génie. Nous disposions en outre de 220.000 carabines qui armaient la cavalerie et de 380.000 mousquetons qui armaient les hommes à pied de l'artillerie.

La carabine et le mousqueton étaient des armes à chargeurs de modèles plus récents que le fusil à magasin, mais qui tiraient la même cartouche dite cartouche D (2).

Avant la guerre on avait souvent discuté sur le nombre de nos canons et de nos obus, mais on n'avait guère exprimé de craintes sérieuses au sujet de notre stock d'armes portatives et le nombre des fusils paraissait largement suffisant. D'ailleurs le programme d'augmentation de notre armement, qui avait servi de base au projet de loi du 16 janvier 1914 voté le 15 juillet, ne comprenait aucun nouveau fusil modèle 1886, mais seulement 79.000 armes courtes : mousquetons ou carabines.

Nous possédions encore 1.200.000 fusils modèle 1874, du calibre de 11 millimètres, avec il est vrai

---

(1) Modèle 1886 modifié 1893.

(2) Initiale du nom du général Désaleux, inventeur de la balle D; l'adoption de cette balle avait donné au fusil modèle 1886 les qualités balistiques qui avaient été réalisées par les fusils de très petits calibres une quinzaine d'années avant la guerre. La France avait pu faire ainsi l'économie d'un nouveau fusil.

très peu de cartouches, qui pouvaient armer au besoin des troupes du territoire ou d'étapes (1).

On n'avait prévu aucune fabrication importante d'armes portatives pendant la guerre et la situation de nos *manufactures d'armes* ne permettait pas de l'entreprendre dès l'ouverture des hostilités. Depuis plus de dix ans ces manufactures, malgré leur nom, avaient presque complètement abandonné la fabrication des armes portatives pour se consacrer à la fabrication du matériel d'artillerie en général.

Au moment de l'adoption du fusil modèle 1886, la fabrication de ce fusil par nos trois manufactures de Saint-Etienne, Châtellerault et Tulle avait fourni ses premières armes dans les premiers mois de 1887; elle avait atteint son rendement maximum, 3.000 fusils environ par jour, en 1890 et avait été arrêtée au commencement de 1893 après le licenciement d'un très grand nombre d'ouvriers. A partir de ce moment, Tulle seulement conserva la plus grande partie des appareillages de machines ayant servi à la fabrication du fusil, et cette manufacture produisait en petit nombre les pièces d'armes nécessaires à l'entretien du stock.

Les deux autres manufactures, les plus importantes, modifièrent leur outillage pour la fabrication des armes à chargeurs. En 1892 et dans les années suivantes, Châtellerault fabriqua également 500.000 fusils russes. Mais après l'achèvement de ces fabrications, en 1896, on dut encore licencier des ouvriers, et l'entretien des manufactures par l'Etat parut si onéreux qu'il fut question d'en louer au moins une, celle de Châtellerault, à un fabricant d'automobiles.

---

(1) 50.000 fusils modèle 1874 et 10.000 fusils modèle 1886 furent cédés aux Belges dans les premiers mois de la guerre.

Ce projet n'eut pas de suite, et les manufactures connurent bientôt une nouvelle période de prospérité en participant dans une très grande mesure à la fabrication du matériel du canon de 75 modèle 1897 qui venait d'être adopté.

Les matériels de campagne de 90 et de 80 système de Bange avaient été construits surtout par les établissements de l'artillerie de Bourges, Puteaux, Tarbes, et, pour les voitures en bois, par les arsenaux des régions. Mais le matériel de 75 exigeait un travail de machines-outils au moins cinq fois plus considérable que les anciens matériels d'artillerie de campagne. Les ateliers spécialisés jusqu'alors dans la construction des canons et des affûts, auxquels venaient s'ajouter des caissons entièrement métalliques, n'eussent pas suffi à construire le matériel de 75 dans un délai acceptable, malgré le supplément d'outillage qu'ils reçurent à cette époque. En outre, un grand nombre de mécanismes du canon et de l'affût de 75, les appareils de pointage, les débouchoirs, etc., exigeaient un travail fini qui convenait très bien aux manufactures d'armes; chacune d'elles fut spécialisée dans la construction de quelques éléments de matériel de 75.

Naturellement, la plupart des machines et des appareillages, qui, précédemment, produisaient des fusils, furent adaptés aux nouvelles fabrications. Quel jugement n'aurait-on pas porté sur les usines de l'Etat si elles avaient laissé inoccupée, prête à reprendre une fabrication improbable, la plus grande partie de leur outillage pour en constituer un autre à chacune des commandes qui se présentaient successivement?

Cette situation de nos manufactures n'aurait dû surprendre personne. Ne savait-on pas depuis plusieurs années déjà que, si l'on modifiait l'armement de notre infanterie, on fabriquerait probablement, non pas de nouveaux fusils modèle 1886, ni même des mousquetons allongés, mais un fusil automatique dont différents modèles avaient déjà été étudiés? Cependant, en mars 1915, un rapport de la commission sénatoriale de l'armée disait : « Quant aux manufactures d'armes de l'Etat, elles auraient pu et dû être organisées depuis le début de la guerre pour produire 100.000 fusils par mois comme elles les ont fabriqués de 1888 à 1891. »

Quoi qu'il en soit, pendant les hostilités, les manufactures ne devaient confectionner que des pièces de rechange pour fusils et pour le matériel d'artillerie. Elles fabriquaient, en outre, 1.000 obus de 75 par jour et 2.500 gaines-relais. La mobilisation avait réduit leur personnel à un effectif total de 3.600 ouvriers et agents de maîtrise. Or, les manufactures avaient employé près de 30.000 ouvriers en 1890.

Le 3 août 1914, des ordres furent donnés pour faire porter au maximum réalisable, avec le personnel et l'outillage existant, à Tulle, la production des pièces de fusil 1886, et, dans les autres manufactures, celle des mousquetons. Le rendement de la manufacture de Tulle en pièces d'armes, qui était presque nul, fut porté assez rapidement à 250 ou 400 selon les pièces. A Saint-Etienne et à Châtellerault, le rendement, qui était de 40 mousquetons au total par jour, atteignit 400 au mois de novembre. Pour aller plus loin, il fallait appareiller de nouvelles machines et trouver du personnel. On trouvait des ouvriers ordinaires, mais non des ajusteurs, et ceux qui étaient rappelés du front ne rentraient pas tous. Le 15 mars 1915, l'effectif des manufactures n'était encore que de 14.000.

Les pièces d'armes produites par Tulle suffirent à

peine pour réparer les fusils revenus des armées souvent en très mauvais état. Le nombre de ces fusils atteignit 6.000 par jour en novembre et décembre. La moitié environ de ces armes pouvaient être dérouillées et recevoir de légères réparations dans des ateliers spéciaux créés à Rennes, Lyon et Clermont; mais 3.500 en novembre et en décembre 1914, 2.500 en janvier 1915, 1.500 environ dans les mois suivants devaient être envoyées chaque jour dans les manufactures, pour y subir des réparations importantes qui absorbaient une bonne partie du personnel disponible (1).

La fabrication des mousquetons à Saint-Etienne et Châtellerault était le moyen le plus rapide de se procurer indirectement des fusils en mettant à exécution le projet arrêté, avant la guerre, de pourvoir les troupes du génie d'armes courtes. 52.000 mousquetons fabriqués jusqu'en février 1915 permirent de récupérer un nombre égal de fusils.

Toutefois, la fabrication des mousquetons ne pouvait durer indéfiniment et, dès le 30 octobre 1914, les manufactures reçurent l'ordre de se préparer à la remplacer par celle du fusil modèle 1907. Ce fusil, créé pour l'armement des troupes indigènes coloniales, ne différait guère du mousqueton que par une longueur de canon un peu plus grande; on y apporta quelques modifications de détails, après lesquelles il reçut le nom de fusil modèle 1907-1915. Ce fusil, dont les pièces de culasse et le mécanisme étaient semblables à ceux du mousqueton, était plus facile à fabriquer que le fusil modèle 1886 à Saint-Etienne et à

(1) Le 2 février 1915, 251.000 fusils avaient déjà été réparés en manufacture. Le 1er mars, 624.000 avaient été réparés soit en manufacture, avec l'aide de l'industrie privée, soit dans les ateliers spéciaux.

Châtellerault. En outre, il était avantageux de remplacer le fusil à magasin, dont le fonctionnement avait parfois été défectueux, par un fusil à chargeur, ce chargeur n'eût-il que trois cartouches.

Pour augmenter la fabrication du fusil, il pouvait paraître logique, comme le firent remarquer un peu plus tard les commissions parlementaires, de restituer les manufactures à leur destination primitive. Quelques visiteurs ont qualifié de « bricolage » ou d'objets de ferronnerie et de serrurerie, indignes des manufactures, tout ce qui n'était pas fusil ou élément de fusil. Mais la plupart de ces objets étaient des éléments essentiels du matériel du canon de campagne, et il n'était pas possible de supprimer ces fabrications organisées dans les manufactures, pour les transporter ailleurs. Il n'était même pas possible de cesser brusquement de fabriquer des obus à la manufacture de Saint-Etienne, alors que les munitions de 75 étaient si rares au front.

Il fallait, de toute nécessité, développer parallèlement la fabrication des fusils et celle des éléments du matériel de 75 en y consacrant les machines disponibles, en achetant de nouvelles machines, en agrandissant les ateliers et en recherchant des ouvriers professionnels que se disputaient toutes les usines de l'Etat ou privées.

× ×

La fabrication du fusil à chargeur allait être entreprise lorsque, en novembre 1914, on commença à savoir que de grandes pertes de fusils s'étaient produites aux armées; de plus, les fusils emportés par les renforts étaient beaucoup plus nombreux que ceux qui étaient renvoyés du front.

Il parut dangereux d'attendre la réorganisation d'une fabrication normale qui ne pouvait donner de résultats sérieux avant plusieurs mois. La confection de la boîte de culasse, surtout, exigeait des appareillages compliqués et longs à établir avec le petit nombre d'ajusteurs dont on disposait.

Afin d'obtenir le plus tôt possible un nombre important de fusils tirant la cartouche D, la seule que l'on eût et fabriquât en grande quantité, on décida de porter l'effort des manufactures sur la transformation du fusil modèle 1874. Cette transformation, déjà étudiée, consistait à remplacer le canon du calibre de 11^{mm} par un canon de 8^{mm} semblable à celui du fusil 1886; elle utilisait toutes les pièces de culasse et la baïonnette du fusil modèle 1874. La question se réduisait donc presque exclusivement à la fabrication de canons qui pouvait être développée bien plus rapidement que celle des autres parties de l'arme. En effet, les machines très spéciales à forer et à rayer les canons de fusils étaient encore intactes dans les manufactures. En outre, les industriels stéphanois avaient déclaré pouvoir fournir au moins 1.500 canons par jour; un seul d'entre eux en avait promis 1.000, presque immédiatement.

Le 4 décembre 1914, lorsque l'auteur fut nommé directeur de l'artillerie, l'ordre de transformation des fusils modèle 1874 était donné depuis quelques jours. Le nouveau directeur avait été consulté par son prédécesseur sur cette décision et la lui avait vivement conseillée comme étant le seul moyen qui pouvait fournir, à bref délai, des fusils tirant la cartouche réglementaire.

Cet abandon apparent de la fabrication des fusils neufs fut vivement critiqué par tous ceux qui jugeaient, avec leur simple bon sens, qu'un fusil neuf à répétition était préférable à un fusil transformé à un coup. Mais ceux qui devaient tenir compte des nécessités et des possibilités de l'heure pouvaient penser qu'il vaut mieux avoir rapidement des fusils à un coup que pas de fusils du tout, sans qu'il soit même besoin d'examiner si le fusil à répétition avait donné jusque-là tous les résultats qu'on en attendait.

Le directeur de l'artillerie maintint sa décision, d'autant plus que se confirmaient, en s'aggravant, les premiers renseignements au sujet des pertes d'armes. A la fin de décembre 1914, un recensement aussi exact que possible du nombre de fusils existant aux armées permettait de fixer à 730.000 environ le déficit de ces armes. En outre, on ne pouvait guère douter que les armes en service étaient fort mal entretenues, sinon gaspillées. Pour les cartouches, le gaspillage était certain. Après des envois déjà considérables de fusils aux armées avec les renforts, il ne restait plus, alors, que 550.000 fusils modèle 1886 à l'intérieur (1). Mais ils n'étaient pas tous disponibles, car il en fallait toujours conserver 200.000 à 300.000 dans les dépôts, sinon pour le dressage des renforts qui pouvait se faire avec des fusils modèle 1874, du moins pour l'instruction du tir.

La situation, déjà grave, pouvait devenir très inquiétante, si les pertes du début de la campagne se reproduisaient pendant de nouvelles opérations actives.

Malheureusement, comme les autres fabrications, celle des canons de fusils ne donnait pas les résultats espérés. L'industrie stéphanoise ne fournissait qu'un nombre infime de canons; l'industriel qui, en septem-

(1) Il y avait, en ce moment, 1.600.000 fusils modèle 1886 environ sur le front et 200.000 fusils modèle 1874 dans la zone des armées.

bre 1914, en avait promis 1.000 par jour dès le début, en livrait 100 au mois de mars 1915. Il y a, en effet, une grande différence entre un canon de fusil de guerre et un canon de fusil de chasse, différence qui aurait peut-être pu être saisie tout d'abord par les intéressés, y compris la direction de la manufacture de Saint-Etienne chargée d'évaluer le concours que l'on pouvait attendre de l'industrie privée. D'autre part, les ateliers stéphanois recevaient des commandes venues de partout. On leur demandait des obus, des gaines, des fusées, des boucliers, des fusils signaleurs, etc. Ils acceptaient, comme sous-traitants, des commandes successives des mêmes objets à des prix de plus en plus élevés, et ne voulaient fournir qu'au dernier traitant qui avait donné le meilleur prix. Il en résultait que les industriels, pouvant travailler sur les armes et les projectiles, portaient de préférence leur effort sur les projectiles, travail plus facile et susceptible de fournir un résultat plus immédiat.

Dans les manufactures de l'Etat, les machines à forer et à rayer avaient dû être mises entre les mains d'un personnel inexpérimenté; aussi, pendant plusieurs mois, leur rendement fut à peine la moitié de ce qu'il avait été en 1890. Les ouvriers dresseurs de canons manquaient, et ces spécialistes ne peuvent acquérir l'habileté nécessaire qu'après des mois de pratique. Les tentatives faites pour attirer les ouvriers armuriers de la région de Liége donnaient des résultats médiocres, ces ouvriers étant retenus à leur passage en Angleterre par nos alliés qui avaient, encore plus que nous, un pressant besoin de fusils.

Les recherches faites en Angleterre et en Amérique pour obtenir des canons ne donnaient pas de résultats.

La transformation du fusil modèle 1874 se trouva donc limitée par la production des canons, dont une partie devait être affectée d'abord aux réparations des fusils modèle 1886, à la fabrication des mousquetons jusqu'à sa fin, et ensuite à la confection des fusils neufs. La production journalière des canons était, à la fin de janvier 1915, de 1.050 environ, dont 300 attribués aux mousquetons et 400 à 450 aux fusils transformés. Elle s'élevait à 1.800 en mai, dont 1.000 environ affectés aux fusils transformés et 350 à 400 aux fusils neufs. A partir de mai 1915 la fabrication des fusils transformés diminua progressivement, au profit des fusils neufs, pour cesser à la fin d'octobre de la même année; elle avait alors fourni 150.000 fusils tirant la cartouche réglementaire.

On peut bien dire que cette transformation du fusil 1874 était le seul moyen d'utiliser tous les canons qui pouvaient être fabriqués, et d'avoir le plus grand nombre d'armes possible, avant que la fabrication des pièces de culasse soit assez avancée pour que l'on puisse faire exclusivement des fusils neufs (1).

× ×

Cette question de la transformation du fusil modèle 1874 est peut-être celle qui donna lieu aux controverses les plus vives dans les premiers mois de 1915. Les commissions parlementaires lui reprochaient de ne fournir qu'une arme à un coup, et, selon elles, de faire tort à la fabrication du fusil neuf.

---

(1) Au 1er juillet 1915, la production journalière des fusils modèle 1907-1915 était de 1.030, celle des fusils transformés étant encore de 600 environ et les réparations absorbant encore 300 canons. A la fin de 1915, la production des fusils neufs était de 2.000 par jour; elle atteignait son maximum (3.230) en août 1916. Ainsi, les manufactures, à une époque, où elles assuraient d'autres fabrications considérables, avaient obtenu en vingt-deux mois un rendement au moins égal à celui qu'elles réalisèrent après plus de trois ans en 1890, alors qu'elles ne fabriquaient que des fusils. Mais la mise en marche n'avait pu être instantanée, même en guerre!

Pourtant, l'une d'elles faisait l'éloge du fusil 1874 non transformé, « excellente arme en soi », qu'il fallait munir d'un magasin ou même, en cas de difficulté, conserver intacte dans « l'hypothèse vraisemblable » où il deviendrait utile de s'en servir.

Certes, ce fusil était préférable à la plupart de ceux de modèles anciens que certains intermédiaires se faisaient forts de nous procurer.

Malheureusement on n'avait pu placer, en Amérique et en France, que de faibles commandes de cartouches sans fumée du calibre 11^{mm}, sans nuire à la production des cartouches réglementaires, qui paraissait déjà insuffisante. Cette objection n'arrêtait pas les personnes qui pensaient que l'on devait et pouvait fabriquer aussi des cartouches en quantités illimitées.

D'autre part, un parlementaire très influent avait rapporté d'une manufacture un spécimen de fusil 1874 pourvu d'un magasin improvisé par un agent de cette manufacture. Se basant sur les affirmations de l'inventeur, le député assurait qu'avec un outillage de quelques milliers de francs on pourrait obtenir, en deux mois, 300.000 fusils à répétition. Mais ce magasin était bien le plus médiocre parmi ceux qui avaient été envisagés depuis ou avant la guerre pour améliorer le fusil modèle 1874. Il exigeait un affaiblissement considérable de la boîte de culasse, qui résistait déjà bien juste au tir de la cartouche D. Le spécimen présenté fonctionnait très mal. A ces observations, on répondait naturellement qu'il suffirait de mettre l'objet au point, ce qui était facile si on le voulait!

C'est l'époque où beaucoup de visiteurs revenaient des manufactures en rapportant les avis qu'ils avaient recueillis. Chaque manufacture avait une préférence sur la fabrication à entreprendre : l'une, le fusil 1886 qu'elle connaissait; l'autre, le fusil 1874 transformé qu'elle avait étudié; la troisième tenait pour le fusil neuf. Chacune de ces fabrications devait fournir, disait-on, les résultats les plus rapides là où elle était préconisée. Toutefois, les avis officiels donnés par les directeurs de ces établissements étaient plus modestes et plus rapprochés des possibilités réelles.

C'est ainsi, par exemple, que l'administration centrale dut demander à un directeur de manufacture pourquoi ses prévisions officielles, d'ailleurs contrôlées, étaient très inférieures pour la fabrication prescrite à la production qu'il avait annoncée à une délégation parlementaire. Ce directeur répondit qu'il ne s'était jamais engagé à atteindre cette production à la date indiquée. Il y a lieu de penser qu'à cette occasion, comme dans bien d'autres et en tous temps, la contradiction doit être attribuée au désir trop naturel de faire valoir son établissement, son personnel et soi-même, auprès de puissants personnages.

× ×

Bien que trouvant très sérieuse la situation de notre armement d'infanterie, la direction de l'artillerie était cependant moins inquiète que les commissions parlementaires.

Au commencement d'avril 1915, la commission du budget de la Chambre, interprétant de façon pessimiste les renseignements qu'elle possédait sur les envois de renforts, les formations nouvelles, les pertes de fusils qui se produisaient encore et sur les ressources fournies par la réparation et la fabrication des fusils, estimait que nous ne disposerions plus à l'intérieur, le 1er mai 1915, que de 33.000 fusils tirant la cartouche réglementaire. Elle pensait qu'à la fin de juin on serait en présence d'un déficit de 180.000 fusils, déficit qui ne ferait que croître dans les mois suivants. D'autre part, en mars et en mai de la même année, la commission sénatoriale de l'armée estimait que le déficit en fusils tirant la cartouche D pourrait s'élever à 300.000 avant la fin de l'année, en tenant compte des fusils transformés qu'elle n'admettait pas volontiers, et en supposant qu'aucune perte importante d'armes ne se produirait plus. Elle demandait que la fabrication des fusils neufs fût portée à 100.000 par mois en moyenne pendant les huit derniers mois de 1915. Cette commission, s'appuyant sur l'avis d'industriels, estimait « qu'on pourrait arriver à cette production dans les manufactures en ayant les métiers et le personnel nécessaires ». Elle recommandait, en outre, de faire appel à l'industrie privée nationale ou étrangère.

La direction de l'artillerie trouvait tous ces desiderata très justifiés et aurait bien voulu les satisfaire. Toutefois, ses calculs, basés sur les possibilités de fabrication, fournissaient des résultats moins inquiétants; elle estimait que le nombre de fusils du calibre de 8mm existant dans les dépôts ne descendrait jamais au-dessous de 115.000, que le minimum se produirait au 1er juillet et que la situation s'améliorerait ensuite. En fait, les dépôts possédaient encore près de 300.000 fusils à répétition le 1er mai et 215.000 le 10 juillet 1915, date à laquelle le minimum se produisit. L'armement des renforts et des formations nouvelles ne fut jamais compromis. On avait, il est vrai, fait rentrer des colonies et de l'Algérie-Tunisie environ 50.000 fusils qui avaient été remplacés par des fusils modèle 1874, dont un grand nombre se trouvaient également dans les dépôts.

On n'eût pas à recourir, ainsi qu'on y avait pensé,

à 120.000 fusils du calibre de 11^{mm} à magasin (genre Kropatcheck), dont 110.000 environ furent cédés ultérieurement à la Russie.

× ×

L'administration n'avait d'ailleurs pas attendu d'y être invitée pour chercher à se procurer des fusils par achats d'armes existantes ou par commandes données à l'industrie.

Dès le mois d'août 1914, elle avait acheté au Japon 50.000 fusils d'un modèle déjà ancien qui, à la fin de 1914, furent rétrocédés à l'Angleterre, très dépourvue d'armes portatives. A la même époque, elle avait acquis en Amérique 29.000 armes courtes de modèles assez divers qui ne purent armer que des troupes non exposées à aller en première ligne. Un contrat fut également passé, avec une personne paraissant autorisée, pour l'achat de 100.000 fusils Wetterli; le marché ne put être exécuté, le gouvernement italien s'étant opposé à la sortie de ces armes. A vrai dire, ces tentatives étaient peu encourageantes.

En septembre 1914, une mission fut envoyée en Amérique pour chercher à se procurer des armes et des munitions; elle passa avec la maison Remington un contrat pour l'acquisition de 100.000 fusils à un coup du système de cette maison, mais tirant la cartouche D. Les livraisons commencèrent fin mai 1915 pour se terminer en août 1916 seulement.

Au commencement d'avril 1915, à la suite de pourparlers commencés en février, un contrat fut passé avec la même maison pour la fourniture de 250.000 fusils modèle 1907-1915, dont les livraisons devaient commencer à raison de 100 fusils par jour le huitième mois après la commande pour s'élever à 1.000 fusils par jour à partir du treizième mois. Les livraisons commencèrent en juin 1916 et furent notablement inférieures aux prévisions (1). Des négociations furent également engagées avec la Société américaine Westinghouse, qui avait paru disposée à entreprendre la fabrication de fusils modèle 1907-1915; elles restèrent sans résultats.

Enfin, après une première tentative pour obtenir des canons de fusils à l'étranger, qui échoua par suite de la médiocrité des échantillons, 100.000 canons de fusils furent commandés en Amérique dans les premiers mois de 1915. Une partie seulement de ces canons fut livrée dans le premier semestre de 1917.

× ×

En ce qui concerne l'industrie nationale, on a déjà vu le concours demandé aux industriels stéphanois, au début de la guerre, pour la transformation du fusil modèle 1874. En septembre, une Société stéphanoise accepta une commande de 24.000 mousquetons à pièces non interchangeables qui fut ensuite remplacée, avant d'être commencée, par une commande de fusils 1907-1915. Ces fusils furent livrés avec peu de retard à partir d'août 1915.

A Paris, une grande Société de construction mécanique avait commencé, quelque temps avant la guerre, la création d'ateliers de fabrication de fusils, en vue de la vente de ces armes à l'étranger; elle s'était attachée, à cet effet, comme ingénieurs, deux officiers très compétents des manufactures de l'Etat.

---

(1) Après la livraison de quelques milliers d'armes, le marché est resté en suspens.

Cette Société reçut, en octobre 1914, une commande pour la transformation de 100.000 fusils 1874, dont les livraisons commencèrent en mai 1915 dans les délais convenus. Elle reçut ensuite deux commandes : la première de 200.000, la seconde de 100.000 fusils modèle 1907-1915. Les livraisons de ces deux commandes réunies devaient commencer en novembre 1915, à raison de 5.000 fusils par mois, pour s'élever à 25.000 par mois à partir de février 1916, et se terminer en décembre.

La Société fut gênée, dans le montage de sa fabrication, par l'absence de ses ingénieurs mobilisés à la manufacture de Saint-Etienne et qui ne purent lui être rendus immédiatement. Ses livraisons ne commencèrent qu'en juin 1916 et restèrent toujours très notablement inférieures aux prévisions.

Des tentatives sans résultat avaient déjà été faites, au début de la guerre, dans la région parisienne pour y placer des commandes de pièces d'armes. A la fin de janvier 1915, quand on connut le chiffre des pertes de fusils, la direction de l'artillerie avait entamé des pourparlers afin d'obtenir la fabrication par la maison Remington des 250.000 fusils 1907-1915 dont il a été déjà question précédemment. Le constructeur américain demandait un prix très fort : 32 dollars et demi par fusil et 37,5 dollars pour mille cartouches, en invoquant la nécessité de développer son outillage. Les livraisons devaient commencer huit mois après la commande. Ces conditions furent indiquées à la commission du budget qui demanda que la commande fût faite autant que possible en France. Le Ministre de la guerre décida de faire appel aux industriels parisiens, qui venaient de montrer leur activité patriotique dans le montage de la fabrication des obus de 75.

Le 26 janvier 1915, les directeurs de dix-huit grandes maisons de l'industrie mécanique de la région parisienne furent réunis sous la présidence du directeur de l'artillerie. Après examen des conditions de la fabrication à entreprendre et de la situation des fabrications en cours, les industriels déclarèrent qu'ils pouvaient donner une réponse immédiate qui fut formulée par le président de la Chambre syndicale des constructeurs d'automobiles : « La fabrication des fusils de guerre est impossible à entreprendre actuellement à Paris... Si, cependant, l'administration de la guerre le jugeait indispensable, ils se déclarent prêts à s'outiller en conséquence, mais ils font toutes réserves sur les délais qui leur seront nécessaires ainsi que sur les résultats qu'ils pourront obtenir au point de vue du fini indispensable à cette fabrication. Ils pensent que, si l'administration de la guerre pouvait se procurer ailleurs les fusils, les constructeurs parisiens feraient un meilleur emploi de leurs ressources en développant les fabrications qui leur sont actuellement confiées. »

Cette réponse était évidemment très sage et le directeur de l'artillerie n'insista pas, craignant que, comme toujours, une nouvelle fabrication imposée ne fît tort à d'autres fabrications urgentes, notamment à celle des obus de 75, qui ne donnait pas encore les résultats attendus.

Le 6 mars, le Ministre réunit de nouveau les industriels parisiens, sous sa présidence, et leur demanda si, après mûre réflexion, ils étaient fixés sur le concours qu'ils pouvaient apporter à la fabrication des fusils :

« M. Louis Renault rappelle qu'il a exposé dans la précédente séance que ses confrères et lui sont toujours disposés à faire tous leurs efforts pour concourir à la défense nationale, mais ils ont dû conclure que la fabrication des fusils était fort difficile en raison du personnel et du matériel spéciaux nécessaires. Pour le montage des pièces, les manufactures d'armes seules, à son avis, peuvent en prendre la responsabilité. En ce qui concerne spécialement les canons de fusils, il n'existe pas en France de machines pour les forer et les rayer et, de plus, le dressage des canons exige une main-d'œuvre toute spéciale. Il en conclut que la collaboration des constructeurs parisiens ne peut être envisagée que pour la fabrication des pièces détachées. »

Après une discussion et un pressant appel du Ministre, il fut décidé qu'une commission d'industriels étudierait le problème dans son ensemble. Cette commission serait présidée par le général Desaleux, chargé spécialement de la fabrication des armes portatives.

La commission se rendit le 14 mars à Saint-Etienne. Le 17, elle conclut que l'industrie parisienne pourrait entreprendre les pièces autres que le canon, la boîte de culasse, la crosse et l'épée-baïonnette. Elle demandait, en outre, la cession d'un certain nombre de machines et les conseils techniques des manufactures de l'Etat.

Sur ces bases, les constructeurs parisiens reçurent une commande de 100.000 jeux de pièces de fusil.

Mais des éléments de fusil, parmi lesquels ne se trouvent pas les plus difficiles à produire, ne constituent pas des fusils. Aussi, le 27 mars, le directeur de l'artillerie obtint qu'on donnât suite aux propositions de notre commission de New-York, qui venait de se mettre d'accord avec la Société Remington. Pendant les négociations, interrompues et reprises, le prix des cartouches avait légèrement augmenté et les délais de livraison n'étaient pas changés. La commission sénatoriale de l'armée fut surprise de voir passer ce marché à des prix élevés et « après d'interminables délais ». L'administration n'était pourtant pas seule responsable de ces délais et elle avait été invitée précédemment à « faire appel, en outre, aux usines étrangères ». Elle doit d'ailleurs avouer que ce marché ne fut pas heureux, que les livraisons en furent tardives et donnèrent lieu à des difficultés sérieuses avec le fournisseur, dont la compétence et les moyens d'action ne peuvent pourtant être mis en doute. Mais ce fournisseur avait à monter une fabrication qui ne lui était pas habituelle.

Quant à la fabrication des industriels parisiens, elle fut admirablement organisée, ainsi qu'on pouvait l'attendre d'eux et du collaborateur extrêmement compétent dont ils s'assurèrent le concours. Ce collaborateur était M. Galopin, directeur réfugié en France de la manufacture d'armes d'Herstal, en Belgique, qui sut attirer à lui d'assez nombreux ouvriers spécialistes de ses usines. Des pièces diverses, parmi les plus faciles, furent livrées dès le mois d'avril 1915. Les livraisons des pièces plus délicates, satisfaisant complètement aux conditions de réception, commencèrent en novembre 1915 et se succédèrent régulièrement (1).

L'industrie privée fut également sollicitée pour la fabrication des baïonnettes. Le nombre de ces engins revenus du front au début des hostilités était très inférieur à celui des fusils. De novembre au commencement de janvier 1915, 160.000 baïonnettes furent

(1) De nouvelles commandes suivirent la première et, pendant la durée de la guerre, le « groupement des constructeurs français d'armes portatives » fabriqua les éléments de plus de 800.000 fusils. (Note d'octobre 1919.)

demandées à l'industrie, notamment à des fabricants de Thiers et de Saint-Etienne, qui crurent pouvoir s'engager à les livrer dans des délais très courts. Mais, dans le courant d'avril, 200 baïonnettes seulement étaient livrées chaque jour, et presque toutes par la même maison, celle dont le marché était le plus récent; heureusement, dès cette époque, les manufactures de l'Etat, qui avaient poussé leur production au delà de 2.000 par jour, furent en état d'en pourvoir les fusils réparés comme les fusils fabriqués.

× ×

A la fabrication des fusils dans les manufactures de l'Etat vint se superposer celle des mitrailleuses, qui est particulièrement délicate.

Au début des hostilités, nous possédions 5.100 mitrailleuses, ainsi réparties : 2.020 dans les corps de troupe, dont beaucoup furent perdues pendant les premières opérations, 2.880 dans les places, 200 disponibles. Pour remplacer les pertes, on recourut à ces dernières et à celles des places de l'intérieur (Paris excepté), qui n'avaient pas toutes un support adapté à la guerre de campagne. Nos manufactures fabriquaient 40 mitrailleuses par mois à la mobilisation qui arrêta la production. La fabrication, reprise en septembre 1914, atteignit le rendement de 5 par jour en novembre 1914 et de 10 en avril 1915, pour s'élever ensuite rapidement et jusqu'à 70 à la fin de 1916. En temps de paix, la production maxima avait été de 4 par jour.

Le 24 août, l'usine française Hotchkiss, qui avait déjà fourni des mitrailleuses avant la guerre, reçut une première commande de 400; elle en reçut deux autres de 800 chacune en novembre 1914 et janvier 1915. Les livraisons prévues et réalisées furent de 50 par mois en octobre et novembre, pour s'élever progressivement à 150 en avril et dépasser 180 à partir d'août 1915 (1). Cette Société, qui avait exactement apprécié ses moyens de production, remplit parfaitement ses promesses, bien qu'elle eût créé, vers le mois de mars 1915, en Angleterre, des ateliers qui absorbèrent une partie de son personnel spécialisé.

La mitrailleuse Hotchkiss, très rustique, était très appréciée au front; de très fortes commandes en furent faites à partir de 1916, et à la fin de cette année la production atteignait 50 par jour.

En Angleterre, des marchés pour la fourniture de 2.000 mitrailleuses au total furent passés pendant les premiers mois de la guerre avec la maison Vickers. Les livraisons devaient se faire à raison de 4 par mois en novembre, 8 en décembre 1914, 12 dans les trois mois suivants, 100 en avril 1915, pour aller à 200 et au delà à partir de mai. Bien que sagement échelonnées, ces dates ne furent pas absolument respectées, au moins dans les premiers mois.

La maison Colt, aux Etats-Unis, reçut aussi une commande de 500 mitrailleuses, livrables à raison de 15 en novembre 1914, 25 en décembre, 40 dans les mois suivants et 100 à partir de mai; les livraisons furent exactes.

× ×

A la mobilisation, notre approvisionnement en

---

(1) Le 1er avril, les manufactures avaient livré 1.190 mitrailleuses et la Société Hotchkiss 280.

cartouches D s'élevait à 1.310 millions. Nos cartoucheries, qui étaient nos seules usines mobilisées, devaient avoir une production journalière de 3.600.000 cartouches à partir du vingtième jour de la mobilisation jusqu'au cent trentième jour et de 2.470.000 ensuite (1).

Pendant les premiers mois d'hostilités, la consommation par le tir avait été faible; mais des pertes dans les premières semaines et un grand gaspillage dans les tranchées avaient réduit le stock disponible de près de moitié au 1er janvier 1915, malgré la production des cartoucheries. Cette production, il est vrai, avait été diminuée par suite de l'occupation de la cartoucherie de Douai par l'ennemi et par la suppression de la cartoucherie de Bourges, qui avait dû être affectée à la fabrication des fusées d'obus.

Cependant le rendement des cartoucheries avait été de 67 millions en août, 100 millions pendant les trois mois suivants, pour tomber progressivement à 45 millions en mars 1915. Ce fléchissement était dû non à l'abaissement de la production des balles et étuis, mais à une diminution de la fabrication de la poudre à fusil au profit de celle des poudres à canon.

Grâce à l'arrivée de poudre d'Amérique, le rendement des cartouches remontait à 70 millions en mai. D'autre part, des commandes de cartouches, faites en Amérique dès le début, commençaient à être livrées à la fin de mai 1915 après des retards assez importants sur les prévisions. De ce fait, et bientôt par suite de l'accroissement de notre fabrication de poudre, les livraisons de cartouches aux armées s'éle-

(1) Jusqu'au 130e jour, on employait, pour la confection des cartouches, non seulement les étuis et balles de la fabrication courante, mais aussi un stock important d'éléments séparés constitué à titre d'avance.

vèrent assez rapidement pour dissiper les appréhensions éprouvées à ce sujet.

Comme il a été dit, les fusils modèle 1874 étaient à peu près dépourvus de cartouches. Les cartouches normales de cette arme contenaient d'ailleurs de la poudre à fumée et ne pouvaient se conserver indéfiniment. Elles avaient été démolies presque toutes et le métal avait été utilisé à la fabrication des étuis de fusil modèle 1886, soit directement, soit dans des marchés par conversion pour la fourniture du laiton.

Au début de la guerre, on se préoccupa de la constitution d'un approvisionnement de cartouches à poudre sans fumée pour le calibre de 11^{mm}; 125 millions de ces cartouches furent commandées, dont 75 millions à la Société française des munitions et 50 millions en Amérique. Les livraisons commencèrent assez vite, surtout celles de la Société française, et, en mars 1915, elles s'élevaient à environ 6 millions de cartouches par mois. Ces quantités étaient suffisantes pour le ravitaillement de troupes de deuxième ligne armées des fusils modèle 1874, mais elles n'auraient pas permis de mettre un grand nombre de ces fusils en première ligne. Il ne fut pas possible de placer de nouvelles commandes, nos cartoucheries produisant à peine les quantités nécessaires de cartouches D, et les cartoucheries étrangères étant débordées par les demandes des belligérants. Il fallut même envisager, dès le premier semestre de 1915, une réduction éventuelle de la production de nos cartouches par la Société française des munitions, pour affecter une partie de l'outillage de cette Société à la fabrication de cartouches destinées à la Roumanie.

En somme, la situation de nos ressources en armes portatives et en cartouches, bien qu'assez inquiétante jusqu'en mai 1915, ne revêtit jamais le caractère d'extrême gravité qu'eût celle des obus de 75 et même des canons de campagne. La fabrication des fusils, presque inexistante à la mobilisation, peut être considérée comme ayant été réorganisée rapidement, malgré les fabrications intermédiaires qui s'imposèrent, et bien que dans les établissements dits « manufactures d'armes » le personnel dirigeant et les ouvriers connussent fort peu la fabrication des fusils et que leur effectif fût réduit à l'extrême par la mobilisation et les licenciements antérieurs.

A la fin de juin 1915, la fabrication de 1.030 fusils modèle 1907-1915, la transformation de 600 fusils modèle 1874, les réparations des fusils venus du front représentaient, en travail, au moins 1.700 fusils neufs. Ce résultat, acquis en neuf mois, peut être comparé avantageusement à ceux qui furent réalisés dans d'autres usines en France et à l'étranger. En Angleterre, par exemple, malgré une puissance industrielle énorme et intacte, et malgré l'acuité de la question des fusils chez nos alliés, aucune de ces armes n'était encore complètement fabriquée le 31 mai 1915, époque pour laquelle on avait cependant espéré une production déjà importante.

En France, les critiques ne manquèrent pas, dans lesquelles revenaient fréquemment les mots de retard et d'imprévoyance. Pourtant, les retards et l'imprévoyance n'étaient pas le fait de ceux qui avaient la lourde charge de les réparer dans la mesure du possible.

× ×

Parmi les intermédiaires innombrables qui assiégeaient alors les bureaux de la guerre, les plus curieux à observer furent peut-être ceux qui venaient offrir soit des quantités considérables de fusils disponibles, sur le modèle desquels ils n'étaient pas toujours bien fixés, soit des fusils à fabriquer, modèle 1886 ou 1915 à volonté, mais livrables à très brève échéance! Ces intermédiaires étaient parfois appuyés et même accompagnés de personnages importants qui faisaient ainsi preuve d'une ignorance surprenante des possibilités de fabrication, ou des garanties qui devaient entourer des contrats de ce genre.

C'est ainsi qu'un ancien magistrat, qui était sans doute de la meilleure foi du monde, ainsi que le député qui l'accompagnait, mit la plus grande insistance à transmettre les offres d'un M. H[ez], de Londres. Ce dernier communiquait lui-même les offres d'un Américain qui ne fut jamais nommé, et qui se faisait fort de livrer chaque jour 1.500 à 2.000 fusils « de tous modèles, y compris le Lebel », trois semaines après la commande. M. H[ez], de Londres, comme tant d'autres, offrait tout aussi bien des mitrailleuses, des outils de terrassement, des effets d'habillement et d'équipement, de l'alcool, du coton-poudre, des snow-boots, des chevaux, etc., etc. Il refusait, d'ailleurs énergiquement, de mettre son correspondant d'Amérique en rapports avec notre mission de New-York, chargée de s'assurer de la réalité de ces offres. A cette exigence, il répondait par des considérations sévères sur les procédés bureaucratiques de l'administration française en général et du directeur de l'artillerie en particulier.

Quelque temps après, l'ancien magistrat proposait également, toujours de la part de son correspondant de Londres, 360.000 fusils Krag Jorgensen. Ces fusils étaient offerts à la même époque par trois autres intermédiaires au moins. Les armes, dont chacun se disait le seul autorisé à traiter « l'affaire », se trouvaient, paraît-il, dans les arsenaux des Etats-Unis d'Amérique, qui consentiraient à les céder. On alla même jusqu'à assurer qu'ils en étaient déjà sortis et prêts à être expédiés. L'administration de la guerre ne put se dispenser de saisir sa mission de New-York de cette question, ne fût-ce que pour n'être pas soupçonnée de ne pas vouloir de fusils! D'autre part, les intermédiaires s'agitaient en Amérique, si bien que, en mars 1915, notre représentant à Washington crut devoir appeler notre attention sur le degré de confiance qu'il fallait avoir dans de pareilles offres. De son côté, le gouvernement américain, dans une communication à un journal de New-York, faisait savoir qu'il n'avait jamais annoncé l'intention de vendre des fusils. Cependant, un homme politique, partant en Amérique en mission de conférences, était venu déclarer au directeur de l'artillerie, qui ne le lui demandait pas, que, grâce à ses relations, il ne désespérait pas d'obtenir ces fusils.

Deux autres intermédiaires se faisaient fort de faire sortir 300.000 fusils Mauser des arsenaux d'une puissance neutre européenne. Il suffisait seulement de donner une promesse ferme d'achat — avant d'avoir vu les fusils — et un prix susceptible de décider les personnages qui avaient le pouvoir de les livrer. Ces mêmes fusils furent offerts à l'agent d'une puissance alliée; cette fois, ils devaient être amenés dans un de nos ports du Sud-Ouest par un officier d'un très haut grade, dans le yacht de cet officier. Le yacht fut attendu. Une autre fois, c'étaient des fusils sud-américains, réunis par des organisations révolutionnaires, désireuses de s'en débarrasser avantageusement. On pouvait en prendre livraison en mer « hors des eaux territoriales » et en caisses fermées. Il était d'ailleurs indiscret de demander le modèle exact des armes et le nombre des cartouches qui les accompagnaient. Il fallait faire l'affaire de suite de crainte qu'elle ne s'échappât.

Un ingénieur, ou qui se disait tel, se réclamant de sa parenté réelle avec un personnage alors très en vue, proposait des fusils à raison de 6.000 par jour, des mitrailleuses portant à 10.000 mètres, des obus que l'on pouvait fabriquer immédiatement dans des ateliers secrets existant dans le Royaume-Uni, sans qu'il fût possible de préciser. Cet ingénieur paraissait convaincu et de bon sens.

Un président de chambre syndicale demandait à être autorisé, et il le fut naturellement, à faire rentrer en France 300.000 fusils modèle 1886 ramassés sur les champs de bataille par les Allemands et que ceux-ci avaient vendus à un commerçant suisse désireux de les rétrocéder!

Enfin, un intermédiaire, qui se montra tenace, amené par une personne influente difficile à éconduire, proposa 300.000 fusils Lebel livrables à bref délai, mais à fabriquer par une usine américaine qui produisait toute autre chose que des fusils. Après divers pourparlers, le directeur de l'artillerie refusa de poursuivre cette affaire et d'autres proposées par le même intermédiaire qui ne paraissait pas présenter des garanties suffisantes. C'est à cette occasion que la personne influente s'écria : « Mais, général, vous n'avez pas de fusils, on vous en offre et vous n'en voulez pas! »

Quelques jours après, un autre intermédiaire se présentait. Il avait d'ailleurs la même adresse que le précédent, et il ne fit aucune difficulté pour reconnaître qu'il était son associé. Mais le nouveau solliciteur avait été recommandé très chaudement, la veille, par un député particulièrement important et toujours très aimable avec le général directeur de l'artillerie. Celui-ci fut obligé d'examiner l'affaire à nouveau, et chargea la mission de New-York de se renseigner auprès de la maison américaine désignée. Cette maison fit connaître que, le cas échéant, elle ne traiterait qu'avec la mission française, à l'exclusion de tout intermédiaire, et qu'elle n'avait donné aucun mandat aux personnes qui s'étaient présentées en son nom.

La direction de l'artillerie était assaillie de propositions du même genre qui se représentaient sous toutes les formes, aussi bien pour les fusils que pour les canons, les mitrailleuses, les munitions, les camions-automobiles, etc.

Plus favorisé que certains de ses collègues, qui devaient se procurer des produits naturels ou des objets assez faciles à fabriquer, le directeur de l'artillerie avait heureusement la ressource de poser ces questions : où sont les armes, où sont les ateliers, peut-on les voir? Et s'il s'agissait d'ateliers à créer : apportez un projet, des options pour les machines, et désignez des ingénieurs, « des experts », qui examineront avec les miens vers quelle époque vous serez en mesure de produire.

Mais cela ne satisfaisait pas ceux, c'est-à-dire presque tous, qui désiraient un contrat immédiat. Et la réputation du directeur, qui ne voulait rien de ce qu'on lui apportait et dont il manquait, se faisait dans Paris. Il pensait sans doute que nous avions « trop de fusils comme trop de canons ».

Mais que n'aurait-on pas dit, ensuite, s'il avait signé quelques contrats tels que ceux qu'on lui proposait?

VII.

Effet moral de la campagne « des canons, des munitions ».

La campagne « des canons, des munitions » a pu être profitable à certaines personnes intéressées à faire croire au public qu'elles sauvaient la patrie. Mais, ainsi qu'il a été dit dans une séance de la Chambre, en octobre 1917, elle n'a fait faire ni un canon ni un obus de plus. Elle a même peut-être ralenti la production, en absorbant, dans des discussions fastidieuses et stériles, une partie du temps de ceux qui étaient chargés d'organiser les fabrications. Elle a eu surtout une influence déplorable sur les troupes en leur faisant croire que la victoire était une affaire de matériel exclusivement.

Le soldat admit volontiers qu'il serait bientôt possible de « tuer tous les Boches dans leurs trous », suivant une expression qui fut en vogue sur le front. Le moins qu'on devait faire, avec la destruction des réseaux de fils de fer, c'était de démolir le matériel de l'adversaire, de façon à éteindre définitivement son feu et que l'infanterie puisse avancer « l'arme à la bretelle ».

Il fallait, certes, faire beaucoup de canons et de munitions, plus encore et plus vite qu'il a été fait si c'était possible; mais il était dangereux de faire de pareilles promesses, qui dénotaient une connaissance insuffisante des possibilités de l'artillerie. Il était surtout dangereux de trop flatter les troupes, au détriment du commandement, et de leur laisser croire qu'au début de la guerre nous étions complètement désarmés et qu'elles seules ne méritaient aucun reproche. Pourtant, le soldat savait bien, et il aurait bien admis si on le lui avait dit, qu'à l'avenir il lui faudrait faire mieux qu'il n'avait fait, qu'il le pouvait, et que ce ne serait pas trop, avec les canons et les munitions, pour repousser l'Allemand jusqu'au Rhin.

Il aurait fallu expliquer au soldat que la victoire de la Marne avait été voulue et réglée par le commandement suprême et gagnée par ses chefs d'armées, avec l'aide des canons de 75 qui, alors et pour la première fois, furent tous déployés en temps utile, et firent de si terribles ravages dans les rangs de l'ennemi, que celui-ci trouva cette artillerie bien lourde. Il n'y a pour chacun de lourds et d'efficaces que les obus qu'il reçoit.

Et, comme beaucoup d'officiers et de soldats étaient et sont encore convaincus que, dans les premières rencontres, presque tous les obus explosifs qu'ils reçurent étaient des obus lourds, on aurait pu leur assurer que si les Allemands avaient plus d'artillerie lourde que nous, ils tiraient cependant beaucoup plus de 77^{mm} que de 105^{mm} et de 15 centimètres. Cette erreur s'est du reste maintenue très longtemps. Qui ne sait que, dans les comptes rendus concernant les projectiles tombés dans les secteurs, il fallait abaisser d'un degré, et parfois de deux, le calibre de la plupart des obus signalés, pour se rapprocher de la vérité (1)? On aurait pu faire observer à un grand nom-

(1) L'erreur était explicable chez des troupes non aguerries qui ne distinguaient facilement que l'éclatement du shrapnell et la dé-

bre de corps de troupes que si, au début de la guerre, ils avaient tenu un peu plus longtemps sur bien des points, on aurait eu le temps de sortir des colonnes et de mettre en batterie tous les canons de 75, dont beaucoup restèrent inemployés. Ainsi, la bataille de la Marne eût pu être gagnée, en détail, dès les premiers jours et une grande partie de nos tranchées auraient pu, faute de mieux, être tracées au delà de nos frontières.

Il fallait réagir contre cette idée excessive qu'au début de la guerre nous manquions de tout. Il fallait répandre parmi les troupes que les Allemands avaient eux aussi manqué de munitions; que nos obus explosifs étaient plus efficaces, à calibre égal, que ceux de l'ennemi obligé plus tard de copier certains de nos projectiles (1).

Il fallait dire que, dans les premières rencontres, nos mitrailleuses n'étaient pas en nombre négligeable, mais qu'elles avaient été peu et mal employées par les troupes elles-mêmes, et trop souvent abandonnées sur le terrain avec trop de fusils.

Chacun ayant besoin de faire un examen de conscience, il fallait inciter le soldat à faire le sien. Il l'eût

---

tonation de l'obus explosif quel qu'il soit. La détonation du projectile explosif et l'examen de l'entonnoir qu'il produit ne permettent pas souvent de déterminer le calibre avec certitude, parce que l'intensité du bruit et les dimensions du trou varient beaucoup avec la nature du terrain. L'influence de la détonation des explosifs eût certainement été moindre si, avant la guerre, on avait habitué les troupes au bruit des explosions, comme quelques officiers l'avaient proposé, particulièrement pour les garnisons des forts que les premières détonations risquaient de démoraliser.

(1) Notre obus de 75 contenait quatre à cinq fois plus d'explosif que les obus du canon de campagne allemand.

Ce n'est qu'assez tard, en 1916, que l'on vit apparaître sur le front des obus de 77 à grande capacité analogues à nos obus de 75; c'est tardivement aussi que les Allemands employèrent la fusée instantanée.

fait et senti que, puisqu'il était le premier soldat du monde, il lui faudrait déployer toutes ses qualités, tout son héroïsme lorsqu'il aurait des canons et des munitions autant que l'ennemi. Il devrait alors non seulement « tenir » sous le bombardement, derrière des tranchées et des barrages de projectiles, mais aussi marcher en avant, même si tout le feu ennemi n'était pas éteint.

Mais on n'a pas soigné le moral du soldat en faisant appel à sa conscience et à son intelligence. On a préféré le flatter, le laisser s'exagérer souvent les moyens de l'ennemi, lui dire qu'il n'avait ni chefs, ni matériel et qu'il manquerait peut-être toujours de matériel, puisque, à l'arrière, de mauvaises gens s'efforçaient d'en fabriquer le moins possible.

× ×

Hélas! M. Ch. Humbert n'était pas le seul à dire que la guerre n'était qu'une affaire de canons et de munitions. Il exploitait simplement, en contribuant à l'exaspérer, l'impression terrible ressentie par tous au début de la campagne, sous le feu des canons et en constatant notre infériorité en artillerie lourde.

Un grand nombre d'officiers de tous grades, parmi lesquels beaucoup de ceux qui, avant la guerre, dédaignaient un peu trop le canon, n'étaient-ils pas trop enclins, alors, à demander à l'artillerie plus qu'elle ne peut donner, si les « impondérables », le moral, ne se joignent pas à elle?

Ne peut-on craindre que certains d'entre eux n'aient pensé, n'aient dit, que la préparation de l'artillerie ne serait jamais trop complète, explication éventuelle, inconsciente sans doute, de tout ce qui pouvait arriver?

Quelques chefs n'étaient-ils pas aussi trop portés à vanter avec exagération la valeur des unités qu'ils commandaient, avant que la preuve n'en soit faite; comme s'il suffisait de leur présence souvent récente à la tête de ces unités, grandes ou petites, pour transformer immédiatement leurs faiblesses en énergies? Ces chefs avaient-ils toujours le courage civique de combattre la facile satisfaction de soi-même d'une troupe exagérément louée, de réagir contre l'inertie générale? Ont-ils fait entendre, autant qu'il aurait fallu, quelques vérités qui n'excluent pas l'affection et sont aussi nécessaires au relèvement du moral que des compliments trop fréquents laissant croire que tout est parfait? A-t-on souvent fait une distinction suffisante entre les bons et les médiocres, les modestes et ceux qui savent se faire valoir?

Quoi qu'il en soit, on vit souvent régner une familiarité excessive dénommée camaraderie ou bienveillance et qui n'était que de la faiblesse ou un manque de conviction dans le droit de commander et le devoir d'obtenir. Ainsi s'établit un laisser aller général où l'homme fournissait le moindre effort, souvent moindre que le minimum indispensable.

Tout souffrit de cette sorte de discipline morale et extérieure si voisine de la discipline médiocrement consentie : l'organisation des secteurs, l'amélioration et l'entretien des cantonnements, la préparation des attaques qui se prolongeait au détriment de la surprise relative de l'ennemi que l'on avait pu escompter. Sous l'œil des officiers et gradés peu exigeants, ou n'osant l'être pour ne pas faire exception, le soldat ne fournissait souvent qu'une trop faible fraction de ce qu'il eût accompli ou demandé s'il avait été employé ou employeur « dans le civil ».

Le haut commandement pouvait bien écrire que,

dans cette guerre, le soldat combattait autant avec l'outil qu'avec le fusil; le soldat préférait de beaucoup tenir passivement un secteur sans l'entretenir que de travailler soit aux tranchées de première ou de deuxième ligne, soit au cantonnement, si réduit que soit le nombre des heures de travail (1).

Quant à l'instruction, elle venait en dernier lieu dans l'ordre des préférences; beaucoup de soldats l'avaient en profonde aversion et l'on entendait dire par de nouveaux venus comme par ceux qui avaient des années de front: « Quand on fait la guerre, comme nous, on est des vieux soldats et l'on n'a rien à apprendre ». Pourquoi, d'ailleurs, apprendre à fond l'usage de tous ces engins nouveaux dont était pourvue la compagnie? A quoi bon manœuvrer dans les formations suggérées par l'expérience de la guerre et s'habituer à l'emploi du terrain, puisqu'on devait marcher presque sans combattre, après que tous les « Boches » seraient tués ou enterrés par l'artillerie dans leurs tranchées? Et il y avait une autre bonne raison d'attendre : depuis 1915 on dépeignait déjà l'Allemagne comme étant sur le point de mourir de faim, on avait plaisanté agréablement ses cartes de pain, de sucre et autres! « Alors, pouvait se dire le soldat, attendons qu'il y ait toujours plus de canons et de munitions et que les Prussiens soient morts d'inanition. » Réflexion très naturelle de la part de gens qui risquent de donner leur vie et qui estiment qu'il ne faut courir ce risque qu'à défaut d'autres moyens, sans trop réfléchir aux pertes qui s'accumulent avec la prolongation de la guerre.

(1) Il était tout à fait illusoire de recourir au travail à la tâche conseillé par le commandement. Comment retenir une troupe au travail quand l'heure du repas est arrivée? L'auteur lui-même n'a su comment résoudre cette question.

Dès novembre 1915, le commandant Lachèvre, du 74e régiment d'infanterie, soigné pour ses blessures dans un hôpital de Versailles, écrivit un excellent petit livre (1) plein de conseils pratiques que le commandement répandit dans les troupes. Il y disait : « L'esprit d'obéissance est beaucoup plus difficile à obtenir de nos soldats que l'esprit de discipline dont il diffère grandement (2). Et il a une grosse importance, non pour l'assaut lui-même, mais pour l'exécution de toutes les mesures qui mettent la troupe dans les meilleures conditions pour attaquer ou résister victorieusement. Notre soldat n'est pas désobéissant par mauvais esprit ou par indiscipline, mais par paresse ou par cette apathie dont j'ai parlé. Il faut lutter... »

Mais on n'a pas lutté, ou trop peu de chefs ont lutté, et il a fallu les tristes incidents de mai et juin 1917 pour s'apercevoir que la désobéissance et l'apathie étaient devenues de l'indiscipline caractérisée. Il a fallu ces événements pour que M. Clemenceau s'émeuve et se décide à dire qu'il était nécessaire de venir au secours du commandement, qui ne trouva vraiment grâce devant lui qu'en novembre 1917.

En dépit de beaucoup d'exaltations verbales, l'état d'esprit général fut qu'il n'y avait qu'à attendre : attendre qu'il y eût toujours plus de canons et de munitions, attendre l'action et le succès des alliés successifs, attendre que la percée du front ennemi fût réalisée par les camarades d'un autre secteur.

D'où la guerre sans passion, la guerre d'usure, la guerre sans esprit de guerre. D'où la stabilisation in-

(1) *Notes sur l'attaque. Impressions d'un commandant de bataillon* (p. 39, Imprimerie nationale, 1916).

(2) Distinction peut-être un peu subtile et faite sans doute pour ménager les susceptibilités.

définiment prolongée et considérée, non comme une période transitoire pendant laquelle on tend les énergies et on prépare les moyens pour l'effort total, mais comme un genre de guerre normal adapté aux circonstances et surtout à la préférence naturelle de chacun pour le moindre effort. Pendant les longues stagnations, le souci principal, à tous les échelons, se traduisait par les mots : « On est vu », ou : « On n'est pas vu », qui étaient constamment dans toutes les bouches, comme si le défilement était le but suffisant et définitif et non un moyen nécessaire et provisoire pour assurer le service journalier sans dangers inutiles. On s'imaginait facilement que cent yeux ennemis découvraient immédiatement celui qui regardait, si peu que ce soit, au-dessus de la tranchée ou à travers un trou de haie. Certains officiers n'examinaient que trop rarement le terrain en dehors des boyaux, même à assez grande distance de l'ennemi et dans les périodes de tranquillité. Ceux-là, qui connaissaient déjà assez mal leurs tranchées, étaient tout à fait incapables d'utiliser les formes du terrain pour amener leurs renforts. Il est vrai qu'on pensa longtemps pouvoir amener de loin, pendant la nuit, des bataillons, des régiments entiers à travers un réseau compliqué de boyaux et de tranchées.

× ×

On aurait pu obtenir mieux et plus du soldat français. On l'eût obtenu facilement si tous les hommes politiques, la presse et tous les chefs de tous grades s'étaient souvenus qu'en guerre l'instrument principal, sans lequel le matériel compte peu, est une armée disciplinée et animée du désir de combattre, d'inquiéter l'ennemi continuellement en se montrant plus agressive que lui, au lieu d'appréhender quelquefois de provoquer sa riposte. On l'eût obtenu si des hommes politiques se rendant aux armées n'avaient pas eu l'apparence d'y venir surveiller le commandement; s'ils s'étaient donné la belle mission de convaincre les soldats que la patrie était en danger; s'ils avaient comblé une grande lacune de l'éducation publique en expliquant ce qu'étaient l'Allemagne et les Allemands et pourquoi l'intérêt du moindre citoyen était lié à la victoire totale que des ajournements continuels rendraient de plus en plus difficile.

Alors le soldat eût ressenti la haine pour le Prussien, sentiment qu'il n'éprouva guère pendant trop longtemps! Alors les chefs, sans crainte d'ébranler leur situation, sans crainte d'être accusés de vouloir faire tuer leurs troupes inutilement, auraient pu faire l'éducation de leurs soldats. Alors les chefs eussent pu dire, plus tôt, qu'il n'y a aucun moyen certain de supprimer complètement et partout le feu de l'ennemi; qu'en bien des points d'un front d'attaque, il est possible de marcher, sous un feu diminué, pendant une heure ou deux de plus, sans plus de pertes que l'on en subit pendant le même temps en s'arrêtant prématurément ou en se reportant en arrière; que ces pertes sont incomparablement moindres que celles qui se produisent sur le même terrain après une offensive manquée, pendant les semaines et les mois qui suivent, devant un ennemi non battu et une artillerie toujours en place.

Avec l'expérience acquise, les troupes auraient compris que ces deux heures de combat en avant qu'on leur demandait, après la reprise du feu de l'ennemi, étaient le seul moyen d'en finir avec son artillerie en s'en emparant ou en obligeant cette artillerie à se retirer en désordre, incapable de se réinstaller, de se retrouver avant longtemps en état de fournir de nouveaux feux efficaces.

Le soldat aurait compris que ce serait là une vraie victoire, une victoire pouvant rapprocher la fin de la guerre, si ce n'était pas encore la poursuite de l'ennemi jusqu'à ses frontières.

Au lieu de cet enseignement, on permettait aux troupes de penser qu'elles devaient apprécier elles-mêmes le degré de préparation de l'attaque!

× ×

Ainsi, la crainte de dire aux troupes les vérités utiles, le manque de fermeté pour rétablir et maintenir une discipline vacillante, la confusion entre la bienveillance et la faiblesse, l'intervention de considérations politiques et personnelles, toutes ces erreurs du temps de paix se continuaient pendant la guerre sous le masque de l'insuffisance de matériel. Le manque de canons et de munitions, si bien et si bruyamment mis en valeur aux yeux de tous, légitimait les défaillances du début et celles qui pouvaient suivre, l'attente de moyens toujours plus grands, l'abstention.

Toutefois, chaque année devait être la dernière ainsi qu'on l'annonçait aux populations et aux troupes dont la patience pouvait s'épuiser. Du reste, le nombre des canons avait tout de même augmenté, les munitions s'étaient accumulées, on s'était « entendu » avec les alliés. Il fallait faire un effort, mais sous la réserve qu'il n'exigerait que peu de sacrifices humains. Cette réserve se justifiait d'autant mieux, elle devenait malheureusement de plus en plus nécessaire à chaque nouvelle tentative. Aussi, dans la préparation morale du soldat qui précédait chaque opération, préparation trop tardive et trop peu continue pour avoir un résultat bien sérieux, on n'osait guère lui dire qu'il faudrait pousser à fond, même sous un feu incomplètement éteint, et lui expliquer que les pertes n'en seraient pas plus fortes.

Alors on voyait ces offensives manquées où la préparation d'artillerie n'était pas insuffisante partout, comme celles d'avril 1917, par exemple, et où les pertes qu'on avait voulu limiter sur le moment étaient suivies, sur les mêmes fronts et pendant les mois suivants, de pertes plus considérables, mais qu'on n'additionnait plus parce que ce n'était plus l'offensive.

On vit également apparaître la méthode de l' « offensive strictement limitée », qui eut la faveur du pays et des troupes et que le commandement supérieur, probablement navré au fond, dut faire sienne. Cette méthode ne pouvait pourtant donner aucun résultat sérieux faute de pouvoir l'appliquer à de courts intervalles, et les pertes, si faibles qu'elles soient au moment même de l'action, n'étaient peut-être pas toujours très justifiées par l'avantage obtenu.

Il a fallu attendre jusqu'en février 1918, jusqu'à la paix russo-allemande, pour que le soldat comprît, de lui-même plus que par ce qu'on lui en a dit, tous les risques que la paix allemande ferait courir à lui et à ses libertés. A ce moment, dans presque tous les milieux, on dit, enfin, qu'il fallait se battre. Tout le monde ou presque répéta ce que, depuis longtemps, avaient dit au front quelques officiers qu'on prenait volontiers pour des énergumènes.

Malheureusement, le moment le plus favorable était passé; celui où nous avions sur le front de France une grande supériorité en effectifs avec l'égalité au moins en matériel. Alors, il n'était et ne pouvait guère être question que de défensive, en attendant les Américains. Mais, pendant cette nouvelle attente, les organisations ennemies, comme les nôtres, allaient toujours en se renforçant.

Et la guerre se prolongeait avec toutes les conséquences de cette prolongation, et avec plus de pertes que n'en aurait probablement donné l'offensive à fond, à diverses époques, d'armées françaises dont le moral aurait été relevé dès le début, et exalté ensuite par une opinion publique, militaire et civile, ayant le sentiment exact de ce que doit être la guerre.

Mais, chose merveilleuse et qui a fait l'admiration et l'étonnement du monde, dans des conditions aussi contraires à son tempérament, le soldat français tenait. Il tenait dans un équilibre moral quelquefois peu stable; mais il a tenu jusqu'à la fin, tant qu'il a fallu...

....

Ces lignes ont été interrompues dans le courant de février 1918. A cette époque, on réclamait encore une grosse quantité d'artillerie lourde, qui paraissait indispensable pour entreprendre une nouvelle offensive, et dont la fabrication, à peine commencée, aurait exigé beaucoup de temps.

Mais survinrent, en mars et en mai, les soudaines et terribles attaques des Allemands qui les amenèrent à Montdidier d'abord, à Château-Thierry ensuite. Ces succès rapides de nos ennemis furent certainement dus, en grande partie, à l'idée dominante, chez nous et nos alliés, qu'aucune action sérieuse ne pouvait être engagée sans une préparation d'artillerie de plusieurs jours, précédée, à l'arrière, de longs préparatifs qui ne pouvaient rester inaperçus.

Les yeux se dessillèrent enfin. Sous l'impulsion habile et vigoureuse d'un commandement unique, enfin réalisé par l'impérieuse nécessité, et qu'une volonté forte et toute-puissante autorisa enfin à faire la guerre, l'heureuse réaction se produisit à l'arrière comme à l'avant, en haut comme en bas.

En juillet, à la voix de quelques commandants d'armées, à la fois chefs et soldats énergiques dont l'exemple fut suivi, les ressorts des énergies alliées se raidirent enfin pour se détendre vers l'avant. On vit bientôt alors qu'il ne s'agissait que d'oser pour que l'ennemi reculât partout où il était attaqué, dans les tranchées comme en pleins champs, où pourtant les gros canons ne pouvaient suivre assez vite et où les canons moyens durent apprendre à suivre plus vite.

Et la Victoire accourut.

On peut bien dire, sans faire tort à nos alliés anciens ou nouveaux, qu'alors, comme avant, le soldat français se distingua par sa vigueur, malgré la longue et déprimante attente qu'il avait subie plus que tout autre et malgré les graves échecs récents.

Ne pouvait-on penser, déjà en 1916 comme maintenant, que l'on aurait pu obtenir, aussi bien et beaucoup plus tôt, de nos troupes mieux enseignées, l'effort admirable qu'elles fournirent du 15 juillet au 10 novembre 1918? N'avaient-elles pas eu déjà auparavant une supériorité numérique et matérielle comparable à celle que nous donnèrent alors les Américains déjà arrivés? En tout cas, le chemin à parcourir, en partant des lignes où l'on attendit si longtemps, eût été moins long et l'on n'eût pas risqué d'être affaibli à la suite de la formidable initiative de l'ennemi pressé de finir la guerre. N'avions-nous pas des raisons très graves aussi, bien que différentes, de vouloir vaincre plus tôt, nous dont le territoire le plus riche était un peu plus saccagé chaque jour?

Et s'il était possible, comme il le paraîtra peut-être à l'Histoire, de fournir plus tôt l'effort libérateur, la France eût eu plus de force pour faire entendre sa voix, afin de garantir ses droits de nation meurtrie qui, ayant le plus souffert pour la cause commune, avait bien mérité des compensations et des facilités spéciales pour panser ses plaies et relever ses ruines.

VIII.

D'une guerre à l'autre.

En 1870, nous n'étions prêts en rien. Les 1er et 2 septembre de cette année-là, à l'âge de 12 ans, j'ai eu, à Sedan, la vision du désordre et de la défaite.

De ce triste moment date ma détermination d'être soldat, pour la vengeance. De ce triste souvenir, j'ai conservé l'horreur du désordre et de l'indiscipline.

Jusque vers 1890, autour de moi, j'ai vu mes chefs, mes camarades, mes sous-officiers et mes soldats penser sans cesse à la revanche et s'y préparer. Ils savaient ce qu'était le Prussien et ce qu'il nous avait fait. On nous disait à tous ce qu'il voulait nous faire encore. Je crois fermement qu'alors on se serait bien battu, avec joie, et dès les premiers jours, avec la conviction et la haine nécessaires.

Ensuite, cela a changé peu à peu, assez vite. La politique s'est introduite dans l'armée, en haut et en bas. J'essayais de conserver mes illusions. En 1914, malgré une réaction favorable, mais insuffisante, qui s'était produite depuis deux ou trois ans, nous n'étions pas complètement prêts : la mobilisation était bien préparée, mais le matériel que nous avions, quoique excellent, était incomplet. Ce qui nous manquait le plus, c'était d'être prêts moralement.

Dans les jours qui précédèrent les premières rencontres, les soldats ne paraissaient pas encore bien sûrs qu'ils étaient à la guerre. Les premiers combats, les premiers obus les ont vivement surpris. Tout le monde connaît la suite et le temps qui a été nécessaire pour réagir.

Il a fallu trouver des explications qui ne fussent pas défavorables au peuple tout entier, ni à ceux qui dirigeaient ses destinées. Il fallait trouver des responsables vers lesquels on puisse canaliser le ressentiment public. En temps de paix, le clergé aux idées arriérées et aux visées dangereuses, les officiers traîneurs de sabres attardés dans un métier devenu inutile, avaient été offerts successivement à l'opinion comme dérivatifs. Pendant la guerre, ce sont les bureaucrates qui ont été dénoncés aux populations comme les ignorants, les paresseux, les galeux, d'où est venu tout le mal.

Les plus coupables étaient naturellement les officiers bureaucrates qui se sont succédé au ministère de la guerre depuis de longues années et qui n'ont pas su prévoir pour toute la nation, ou contre la nation. C'étaient surtout les officiers chargés de réparer les erreurs passées et qui ne le firent ni aussi vite ni aussi bien qu'on peut le faire dans les journaux et dans des discours. Mais tous les autres bureaucrates, de toutes les administrations, tous ceux qui sont exposés à dire à leurs concitoyens : « Cela ne peut se faire » ou : « On ne peut changer pour vous les lois et les règlements », tous ceux-là ne sont pas indemnes. A chaque occasion ils étaient et sont encore accusés de tous les méfaits; ils sont tenus pour responsables de toutes les difficultés qui se présentent et qu'ils ne savent lever immédiatement.

Ce dénigrement des administrations est un excellent aliment pour l'opinion publique, dont il flatte le goût pour la critique ainsi que le penchant pour cette forme de l'individualisme qui consiste à demander, pour soi à l'exclusion des autres, des facilités et des faveurs. Et, ces demandes, les personnes influentes ne peuvent se dispenser de les appuyer sous peine de se compromettre.

Malheureusement, ce goût et ce penchant sont des manifestations d'indiscipline sociale qu'il est dangereux d'encourager.

Etant devenu bureaucrate pendant sept mois, j'ai pu voir fonctionner, dans des moments difficiles, la bureaucratie que j'avais peut-être décriée, moi aussi, dans quelques occasions. J'ai pu me faire une opinion sur elle, opinion qu'on trouvera peut-être entachée de partialité. Quoi qu'il en soit, cette expérience directe, et les renseignements que j'ai dû prendre sur le fonctionnement de l'administration de la guerre en temps de paix, m'ont convaincu que les bureaucrates qui la composent pèchent surtout parce qu'ils souffrent du mal général : l'indiscipline nationale. En outre, ils sont souvent trop nombreux, bien que beaucoup d'entre eux soient souvent trop occupés, ce qui n'est pas aussi contradictoire qu'on pourrait le croire.

Il y a d'ailleurs deux catégories de bureaucrates :

Il y a ceux, qui sont la majorité, qui connaissent leur devoir de fonctionnaires consistant à servir l'Etat, en obéissant à leurs chefs et en appliquant honnêtement les lois et les règlements. Ceux-là savent généralement leur métier et s'y adonnent consciencieusement en fournissant une somme de travail supérieure à ce que peuvent penser leurs détracteurs;

Il y a aussi les bureaucrates, souvent non moins travailleurs que les autres, qui se croient autorisés à s'inféoder, quand ils ne l'étaient pas déjà à leur entrée dans l'administration, à de hauts protecteurs qu'ils renseignent au besoin.

L'existence de cette seconde catégorie de fonctionnaires ne concourt pas à donner au ministre du moment l'assurance que ses subordonnés travaillent toujours dans le sens de ses instructions; elle ne contribue pas à l'étude impartiale des affaires, à la force et à la stabilité du gouvernement.

Pendant la guerre, et à divers moments, le nombre des fonctionnaires de cette catégorie a peut-être été augmenté plus que ne l'exigeait le travail utile à accomplir. On peut penser que beaucoup de ces bureaucrates de circonstance n'ont été placés dans les services que pour donner satisfaction et fournir des garanties à des intérêts politiques ou particuliers. Ils contribuaient, il est vrai, à assurer des appuis momentanés aux Ministres, mais ils leur enlevaient une partie de leur liberté d'action. Il n'est pas certain que la plupart de ces fonctionnaires provisoires aient soulagé sensiblement leurs collègues qui restèrent chargés de la besogne véritable, du travail exigeant une compétence réelle, de la rédaction des dépêches exécutoires et non des circulaires vagues et tendancieuses. En tout cas, le travail partagé entre des bureaux dont les attributions furent parfois difficiles à définir n'a pas toujours gagné en rapidité.

Tous les fonctionnaires, à quelque catégorie qu'ils appartiennent, sont trop souvent absorbés, en paix comme en guerre, par l'étude de mille cas particuliers plus ou moins apostillés, et à rechercher le moyen de donner satisfaction, moins aux intéressés qu'à leurs protecteurs, sans enfreindre trop gravement les règles établies.

Les bureaucrates, les vrais, sont donc plus à plaindre qu'à blâmer.

Il semble que, parmi les réformes qui ne manqueront pas d'être réclamées, il en est une qui serait particulièrement utile et qui consisterait à changer certaines mœurs administratives. On exigerait d'abord que tous les fonctionnaires joignissent la loyauté à leur probité bien connue. On s'efforcerait ensuite, comme des ministres l'ont déjà tenté et comme de nombreux parlementaires le souhaitent certainement, d'endiguer le flot des recommandations, des appels à l'attention, concernant des particuliers dont la situation paraît rarement plus intéressante que celle de leurs concitoyens moins importants dans leurs circonscriptions, ou simplement moins audacieux. Cela ne doit pas être incompatible avec le contrôle nécessaire du Parlement sur les affaires d'intérêt général.

On pourrait alors réduire l'effectif des bureaucrates et nous aurions sans doute une administration que l'Europe pourrait à nouveau nous envier. A ce moment, on pourrait, ce que l'on n'oserait faire actuellement, demander à une bonne partie des industriels, des commerçants, de leurs ouvriers et employés, de se montrer plus indulgents en comparant le travail qu'ils fournissent à celui des bureaucrates, sans qu'il soit nécessaire de tenir compte de la différence des appointements ou salaires.

Ces réformes rencontreraient sans doute quelques difficultés dont les plus grandes ne seraient peut-être pas d'empêcher que la politique soit un métier exclusif, de soustraire les législateurs à la dépendance étroite de leurs électeurs, de rendre aux gouvernements le temps et la liberté de gouverner en les affranchissant dans une certaine mesure de l'intervention continuelle des législateurs. Ceci ne doit pas être antidémocratique et, si des individualités électorales y perdent, le peuple dans son ensemble pourrait y trouver son avantage et ses élus plus de prestige. Il faudrait peut-être seulement changer la Constitution, ce qui ne doit pas être impossible. Mais, ce qui serait le plus difficile, quoique absolument nécessaire, ce serait de changer la mentalité de la plus grande partie du public dont les idées sur les relations de l'Etat et de l'individu sont complètement faussées.

Il y a trop de gens en France, dans toutes les classes, qui s'imaginent que l'Etat a toutes les obligations envers eux, qui ignorent que les droits des citoyens sont accompagnés de devoirs, et qui ne supportent l'organisation sociale que si elle travaille à leur profit. Il y a trop de groupements patronaux ou ouvriers qui sont disposés à croire que la puissance publique est faite pour leur faciliter leurs affaires, au besoin au détriment de celles des autres. Et comme, malgré toutes les influences, cette conception donne lieu à de nombreuses déceptions, c'est encore la réputation des bureaucrates qui en souffre : ils ne savent solutionner ou traiter rapidement les affaires, les affaires de chacun en particulier.

On peut objecter qu'il en a toujours été ainsi, plus ou moins; que les intrigues et les intrigants ont toujours exercé leurs ravages depuis le commencement de l'Histoire. Mais doit-on désespérer que la démocratie elle-même, gouvernement le plus perfectible, tendant à devenir ce qu'elle doit être, soit à jamais incapable de faire comprendre aux citoyens la nécessité d'une discipline nationale? Faut-il craindre que le progrès social, qui ne peut consister dans des suprématies successives de classes, mais dans la prépondérance des hommes de valeur de toutes les classes, doit-on craindre que ce progrès reste confiné dans des discours éternellement renouvelés? Un véritable gouvernement démocratique n'est-il pas plus apte que tout autre à concilier et à réprimer au besoin les aspirations égoïstes des bolchevicks comme des hégémonies financières et industrielles?

Après la terrible épreuve que nous venons de traverser, tous les hommes qui, par leur situation ou leur activité, peuvent exercer une action autour d'eux, ne comprendront-ils pas enfin que les groupements corporatifs doivent d'abord s'entendre entre eux pour assurer la prospérité de la raison sociale française au milieu de la concurrence des nations? Car il faut bien espérer que nous ne tomberons pas, seuls peut-être, dans cette utopie funeste que la concurrence ne subsisterait pas, latente d'abord, évidente bientôt, dans la Société des nations si elle parvenait à se constituer. Qui pourrait penser que l'accord régnerait longtemps dans un immense organisme, où les intérêts seraient tout de même plus divergents que dans une nation isolée où la concorde est déjà si difficile à obtenir (1)?

Quoi qu'il arrive, afin de relever nos ruines et de réparer nos pertes, pour rester une grande nation digne de son passé et de ses luttes lointaines et récentes, il nous faudrait instaurer une discipline nationale maintenue par un gouvernement qui ne soit pas à la merci de tous les accidents de petite politique intérieure. Ce gouvernement pourrait alors être servi loyalement par des bureaucrates respectables et respectés.

Pour sauvegarder le long effort qui serait nécessaire pour nous rapprocher de cette situation idéale, il nous faudrait pouvoir compter sur une armée forte et disciplinée dont les soldats auraient une notion suffisante, acquise, comme citoyens, des intérêts économiques de leur patrie qui sont les leurs, et qui ne peuvent être les mêmes, à tous moments et dans toutes les circonstances, que tous les intérêts dans toutes les régions du globe.

(1) La laborieuse confection du traité de paix n'a-t-elle pas suffi déjà à faire ressortir les rivalités inéluctables entre les alliés et les associés eux-mêmes? (Note de juin 1919.)

Ces soldats seraient commandés par des officiers qui ne s'excuseraient pas de leur métier et n'attendraient leur avancement que de leurs chefs. Les chefs seraient choisis pour leur caractère et leur aptitude militaire et non trop souvent pour les garanties qu'ils paraîtraient avoir données au gouvernement du moment.

On n'écarterait pas ceux qui se confineraient dans leurs fonctions, en leur prêtant, comme en d'autres temps et pour les besoins de la cause, le désir d'intervenir dans les affaires intérieures du pays, alors qu'ils n'avaient d'autre tort que celui de souffrir en voyant émousser l'instrument qui leur était confié pour la défense de la patrie. Alors nous serions probablement tout à fait prêts pour la prochaine guerre. Peut-être même pourrions-nous l'éviter ou au moins l'éloigner pendant longtemps sans atteintes à notre honneur et à nos intérêts nationaux.

J'espère que tout cela n'est pas seulement un rêve que j'aurais fait pendant les loisirs que l'on m'a ménagés depuis la fin de 1917. Ce sont, en tout cas, des idées simples, peut-être naïves, qui, pendant la guerre, auront probablement hanté beaucoup de bons Français à l'intérieur comme au front.

10 mars 1918.

TABLE DES MATIÈRES

	Pages
INTRODUCTION	7
I. — Causes de l'insuffisance de notre armement	25
II. — Nos usines de guerre en temps de paix et à la mobilisation	42
III. — Obus	67
IV. — Canons de 75	104
V. — Artillerie lourde	118
VI. — Fusils	136
VII. — Effet moral de la campagne « des canons, des munitions »	164
VIII. — D'une guerre à l'autre	178

PARIS ET LIMOGES. — IMPRIMERIE ET LIBRAIRIE MILITAIRES CHARLES-LAVAUZELLE.